我们一起解决问题

赢在人力资源
系列图书

曾双喜◎著

胜任力

识别关键人才、
打造高绩效团队

人民邮电出版社
北　京

图书在版编目（CIP）数据

胜任力：识别关键人才、打造高绩效团队 / 曾双喜
著. -- 北京：人民邮电出版社，2022.5（2024.3重印）
（赢在人力资源系列图书）
ISBN 978-7-115-59007-7

Ⅰ. ①胜… Ⅱ. ①曾… Ⅲ. ①企业管理－团队管理
Ⅳ. ①F272.9

中国版本图书馆CIP数据核字（2022）第050398号

内 容 提 要

很多企业在对员工进行绩效考核时都会发现，明明员工的毕业院校、学历、专业都相同，笔试与面试成绩相差无几，但是他们的绩效水平却差别很大。这就说明一个问题：高学历并不能带来高绩效，具备相关能力并不等于"胜任"。

胜任力模型是一种常用的人力资源管理工具，基于胜任力模型的人力资源管理体系能够以能力发展为核心，将组织愿景、价值观念、企业文化、经营战略等现代化管理理念，真正有效地转化为每一位员工的言行习惯。本书从解码胜任力、构建胜任力和应用胜任力三个角度，详细介绍了胜任力的概念、胜任力模型的呈现形式，以及胜任力模型在外部招聘、内部培训、继任者计划、薪酬绩效等工作中的具体应用，同时还介绍了华为公司、万科集团、华润集团的胜任力模型，有助于企业快速建立基于胜任力模型的人力资源管理体系。

本书适合企业管理者尤其是人力资源管理者、培训师、咨询师，以及高等院校相关专业的师生阅读、使用。

◆ 著 曾双喜
责任编辑 刘 盈
责任印制 彭志环

◆ 人民邮电出版社出版发行　　　北京市丰台区成寿寺路 11 号
邮编 100164　　电子邮件 315@ptpress.com.cn
网址 https://www.ptpress.com.cn
北京虎彩文化传播有限公司印刷

◆ 开本：700×1000　1/16
印张：13.75　　　　　　　　　2022 年 5 月第 1 版
字数：200 千字　　　　　　　2024 年 3 月北京第 6 次印刷

定　价：69.00 元
读者服务热线：（010）81055656　印装质量热线：（010）81055316
反盗版热线：（010）81055315

广告经营许可证：京东市监广登字20170147号

本书赞誉

（以下书评按姓氏拼音首字母排序，排名不分先后）

曾老师是 HR 领域的实战专家，亦是一位值得尊敬的思想者。在曾老师的新书《胜任力》中，我们可以看到曾老师对自身多年实践工作的深度思考，他为诸多企业的人才发展工作提供了有力的思想武器。发展人才，既是一种态度、一种观念，也是一套组织策略、一套工作方法，企业只有相信并且笃行，才能真正迎来良将如潮。

——安秋明　原阿里巴巴集团资深专家

《赋能三板斧：让天下没有难做的培训》作者

在"新四化"的浪潮之下，汽车行业人才结构正在发生改变，新一轮造车热引发的"人才大战"已然进入了白热化状态，人才不足问题越来越严重。曾双喜老师的《胜任力》这本书，从人才战略的高度，以及落地应用实战的角度，诠释了胜任力思维管理理念，以丰富的实践案例和操作经验为企业解决当下人才问题提供了解决方案。

——蔡红　东风汽车有限公司人力资源总部人力资源管理部部长

世事万变不离其宗，虽然企业在不同的发展阶段对人才的要求不同，但底层逻辑都是胜任力。本书作者在介绍胜任力的含义、构建和胜任力应用逻辑的基础上，结合实战案例，详细介绍了如何培养胜任力思维、如何应用胜任力。本书内容通俗易懂，是一本难得的、实用的工具书。

——程向忠　三态电子商务股份有限公司副总裁

在 VUCA 时代，胜任力受到了许多企业管理者的高度重视。那么，如何帮助员工提升胜任力，如何让他们在多变的环境下迎接工作挑战？曾双喜老师适时推出的这本《胜任力》可以给你满意的答案。我拜读完该书受益匪浅。

——胡辉　云学堂信息科技（江苏）有限公司副总裁

功以才成，业由才广。人才是企业生存和持续发展的关键支撑。企业需要什么样的人才？如何打造良将如潮的人才队伍？作者凭藉多年的工作实践和深刻的思想洞察，从人才战略的高度，以清晰的逻辑和丰富的语言为我们揭开了胜任力的前世今生，并创造性地提出了胜任力思维管理理念。《胜任力》一书有思想、有理论、有实战，值得一读。

——李洪明　四川九洲电器集团纪委副书记、原培训中心主任如何真正有实效地应用胜任力模型来助力人力资源管理，一直是企业人力资源管理工作中的难题。作者从解码、构建、应用三个角度，层层递进，以终为始，在揭开胜任力的神秘面纱之余，为企业如何应用胜任力模型提供了专业的指导。

——李秀喆　格力集团珠海凌达压缩机有限公司企业管理部部长

胜任力模型归根结底是个工具，能否用好还要看使用者有没有胜任力思维，就像古代的顶级剑客，心中有剑，则万物可为剑，出手皆成招。通读此书，可让你明白胜任力模型的前世今生、构建胜任力模型的方式方法，更重要的是让你形成胜任力思维。

——任曙光　曾任海尔空调培训总监

"胜任力"概念由哈佛大学教授戴维·麦克利兰于1973年正式提出。时移世易，《胜任力》一书的作者从人才战略层面切入，从应用落地的角度提出了"胜任力思维"这个新的管理理念，可以说是当下对胜任力概念最深入的诠释。

——施杨　《中欧商业评论》执行副主编

人才永远是立业之本，如何定义人才，是企业在任何发展阶段都必须面对的课题。"胜任力"概念自提出以来，便在企业管理理论研究与实操运用中经久不衰。作者在书中创造性地提出了"胜任力思维"概念，并从人才战略的思维高度切入，深入浅出地介绍了实操方法。书中语言也延续了作者既往通俗易懂、接地气的风格，对于从业者来说，本书是一本极具实用价值的佳作。

——宋萍　深圳天安骏业投资发展集团人力资源中心总经理

我们常说要把合适的人放在合适的岗位上，做到人尽其才，这便要求企业拥有清晰的胜任力模型。本书不仅分享了各类优秀企业的胜任力模型，而且建立了一套构建胜任力模型的方法与应用策略，是一本岗位胜任力模型构建实操类的工具书，值得阅读。

——翁秀华　广东电声市场营销股份有限公司人力资源总监

胜任力一直是组织和人才发展领域公认的重点主题之一。这一是因其能有效地在战略型人力资源管理的各环节发挥作用，令人一见倾心；二是因其对专业素养要求较高，令人望而却步。《胜任力》一书作者结合多年实战经验和研究，从解码到构建再到应用，由浅入深、鞭辟入里地分析了如何构建系统的"胜任力思维"。可以说，该书是这一领域不可多得的、学以致用的佳作，值得推荐。

——吴卫　联合金融控股有限公司副总裁
联合金融赋能发展中心首席学习官

胜任力模型一直是人力资源管理领域的热门话题，也是人才管理中的一项基础性工作，但是许多企业在构建和应用胜任力模型时过于理论化和机械化，导致效果不甚理想。本书作者将胜任力模型的核心思想与VUCA时代相结合，从应用落地的角度出发，创造性地提出了"胜任力思维"这一新理念和新方法，为企业打造一支良将如潮的人才队伍提供了方法论指导。

——谢树英　土巴兔联合创始人　深圳市女企业家商会副会长

第九届"深圳十大杰出女企业家"

胜任力模型是一个经典管理工具，但随着VUCA时代对组织、人才适应性要求的不断提高，我们需要从更高的维度理解这个工具。本书作者不仅提出了"胜任力思维"，充分诠释了胜任力的理论内涵，而且基于上百个项目的实战经验，提炼出了落地应用的实操方法。时代仍在加速发展，相信你可以在《胜任力》这本书中找到全新的洞见和应对之策。

——熊俊彬　CSTD中国人才发展平台创始人、首席运营官

"人才"是企业永恒的话题。从哪些方面识别人才？从哪些方面培养人才？从哪些方面检验人才？相信读完此书，你心中会有自己的答案。

——徐帅　唯品会学习发展总监

善学者尽其理，善行者究其难。本书作者把自己多年从事胜任力模型构建工作的经历与感悟形成文字并出版，令人敬佩。本书既有战略高度，

又有落地宽度；既有思维、方法，又有流程、工具，内容深入浅出，通俗易懂，可谓同行之福。

——赵泽林　日立电梯（中国）有限公司培训中心部长

发展是第一要务，人才是第一资源，创新是第一动力。本书作者通过寻找人才管理的底层逻辑，以胜任力思维为基底，破除了人才发展中的错误理念，解除了人才评价标准中的禁锢，有助于企业做好人才的选、用、育、留工作。

——周婷　广东海洋大学商学院副教授、正高级经济师

前　言

胜任力模型是一个经典的管理思想和管理工具,是 OD(组织发展)、TD(人才发展)和 LD(学习与发展)的重要方面。当前有关胜任力话题的热度一直居高不下。

我写书有一个习惯,即选定主题后先把这个主题搁置一两年,看它还受不受欢迎。如果只是昙花一现的主题,我就不再碰它。写这本书,我考虑了好几年,觉得大家确实需要它,所以才最终动笔。

目前市面上关于胜任力模型的书不少,但大多数都是讲建模的技术和流程,而介绍胜任力模型应用落地方面的书比较少。《胜任力》这本书不是为了讲胜任力而讲胜任力,而是从人才战略的高度、从最佳应用的角度来写的。所以,我在书中提出了"胜任力思维"这个新的管理理念。

本书的创作前后历时三年,其中主体内容是我在 2020 年 3 月新冠肺炎疫情居家隔离期间完成的。本书秉持本人一贯坚持的"说人话、接地气"的原则，对于有关胜任力模型的各种困惑、质疑或批判，都在书中进行了探讨并给出了解决思路。

书中提到的方法论、流程、工具、案例，都是从我过去十多年服务上百家客户咨询项目的实践中沉淀出来的，自己觉得实用、好用才推荐给大家，并且用自己的语言进行了总结提炼，以求深入浅出、通俗易懂。

在此，我要感谢合作过的每一位客户，是你们为本书提供了丰富的一手素材。希望本书能为大家带来帮助和启发，也请广大读者批评指正。

2022 年 1 月于羊城

目 录

上篇　**解码胜任力** ···○

第1章　用胜任力重新定义人才标准 / 3

　1. 速度与激情下的人才困境 / 3

　2. 你缺的不是人才，而是人才标准 / 5

　3. 人才标准演化史 / 7

　4. 麦克利兰重新定义人才 / 12

　5. 胜任力是人才标准的核心 / 16

第2章　从胜任力模型到胜任力思维 / 18

　1. 揭开胜任力模型的神秘面纱 / 18

　2. 胜任力模型的两大流派 / 22

3. 当胜任力模型遇上任职资格 / 26

4. 胜任力模型到底有什么用 / 29

5. 你更需要的是胜任力思维 / 32

中篇 **构建胜任力** ⸺⸺⸺⸺⸺⸺⸺⸺⸺⸺⸺○

第 3 章 **如何构建胜任力模型** / 39

1. 好的计划是成功的一半 / 39

2. 最重要的是要明确为谁构建胜任力模型 / 44

3. 构建胜任力模型的四种方法 / 49

4. 不要陷入过度精确化的误区 / 53

5. 获取利害关系人的支持，防止内卷 / 55

第 4 章 **如何设计胜任力模型的呈现形式** / 60

1. 胜任力模型的四种呈现形式 / 60

2. 简单定义式胜任力模型 / 63

3. 行为分级式胜任力模型 / 66

4. 关键行为式胜任力模型 / 70

5. KSAO 式胜任力模型 / 74

第 5 章 **如何选择适合企业特点的胜任力模型** / 78

1. 传统建模与经典建模的异同 / 78

2. 敏捷建模与共创建模的对比 / 83

3. 快速编写胜任力指标六步法 / 87

4. 让胜任力模型更加性感 / 90

5. 胜任力模型怎样才能胜任 / 95

下篇　应用胜任力 ⸻⸻⸻⸻⸻⸻⸻○

第 6 章　胜任力模型适用才行 / 103

1. 用于外部招聘：选最合适的人 / 103

2. 用于内部培训：让培训出效果 / 108

3. 用于继任者计划：培养高潜人才 / 111

4. 用于绩效薪酬：为能力而付薪 / 116

第 7 章　胜任力思维与人才战略 / 121

1. 隔行如隔山背后的用人秘密 / 121

2. 第二曲线业务的"望远镜"人才特质 / 123

3. 不同发展阶段的人才需求差异 / 125

4. 企业文化的核心就是用什么样的人 / 130

5. 胜任力模型要随战略而变 / 132

第 8 章　胜任力模型的未来简史 / 137

1. 一直被批判，从未被超越 / 137

2. 从 1.0 到 3.0：胜任力模型的演变 / 142

3. 从胜任力模型到任务模型 / 145

4. 从岗位胜任力到角色胜任力 / 149

附录　别人家的胜任力模型 / 154

一、IBM 三环领导力模型 / 154

二、华为"干部九条"领导力模型 / 159

三、华润集团领导力素质模型 / 181

四、万科领导力资质模型 / 191

五、阿里巴巴价值观之"六脉神剑" / 198

参考文献 / 205

上篇

解码胜任力

第1章

用胜任力重新定义人才标准

1. 速度与激情下的人才困境

受益于改革红利、人口红利和互联网红利，我国经济实现了飞速发展，许多企业插上了腾飞的翅膀，一路高歌猛进：销售额快速翻番，业务覆盖区域迅速扩大，产业链急速延伸……

美团公司成立于 2010 年，业务范围涵盖餐饮外卖、生鲜零售、共享单车、酒店旅游、电影、休闲娱乐等 200 多个品类，2018 年美团点评公司登陆港交所，如今市值达 1.7 万亿港元；字节跳动公司创立于 2012 年，如今旗下产品有今日头条、抖音、TikTok、西瓜视频、火山小视频、皮皮虾、懂车帝、悟空问答等，员工约 10 万人，估值约 4 000 亿美元；拼多多公司于 2015 年 9 月正式上线，2018 年登陆美国资本市场，如今市值高达 1 600 亿美元……这些公司的扩张速度非常惊人。

身处传统行业的海底捞在成立前的 20 年总共才开出 76 家门店，平均每年开店不到 4 家。而从 2015 年到 2020 年，海底捞的门店从 146 家增至 1 298 家，6 年增长了约 8 倍。

初创公司成长为独角兽公司（即市值达 10 亿美元的公司）的速度越来越快，其中的佼佼者更是用很短的时间便成长为巨兽级企业。

美的集团进入《财富》世界 500 强用了 48 年，万科集团用了 32 年，联想集团用了 24 年，京东集团和阿里巴巴集团用了 18 年，腾讯公司用了 14 年，而小米公司仅用了 9 年，初创公司成长速度之快超乎人们的预期。

然而，在这种快速崛起的背后，也存在着巨大的隐忧。

一方面，由于企业的业务规模快速扩张，组织结构和人员规模迅速膨胀，管理层级不断增加，内部分工越来越细，专业化程度日益提高，各种问题也随之暴露出来：运营管理跟不上，客户服务跟不上，客户投诉率上升，负面新闻不断，现金流紧张……

另一方面，随着全球经济一体化加速和我国经济发展进入新常态，受国内外市场需求疲软、产能过剩、消费升级、技术变革、人口红利消失、原材料上涨等外部因素的冲击，很多企业的发展遭遇瓶颈，增速开始放缓。

巴菲特曾说："只有当潮水退去的时候，才知道是谁在裸泳。"其实上述问题的背后，归根结底是人的问题，这些企业在快速扩张的过程中大多存在用人不当、人才青黄不接、人才流失率高等问题，而人才供应链的不足反过来又制约着企业的业务发展，导致企业经营出现恶性循环。

企业要想持续健康发展，管理者就必须转变经营理念，从外延式发展向内涵式发展转变，不仅要关注量的增长，更要关注质的提升；不仅要关注业务的增长，更要关注人才的成长。

也就是说，企业发展要靠双轮驱动：一个"轮子"是业务发展，另一个"轮子"是人才发展，二者要同步协调。

2. 你缺的不是人才，而是人才标准

如今我们处在一个日新月异的时代。从农业时代、工业时代、信息时代到现在的移动互联网时代，技术变革和时代更替的节奏越来越快，以前用年、月计量的事件，现在都是用天来计算的。

然而，人才的成长是有时间周期的，管理者不能像过去那样按部就班地培养人才，而是必须与时间赛跑，"在飞行中换引擎"，快速批量地复制优秀人才，打造一支"能打仗、打胜仗"的人才队伍，形成良将如潮、人才辈出的局面。

大多数企业管理者都能认识到人才的重要性，想通过招聘的方式为企业补充人才。然而，很多管理者都是根据自己的偏好来选人，能否招到合适的人完全靠碰运气，这样就导致员工能力参差不齐，用错人导致业务失败甚至满盘皆输的情形比比皆是；思维理念与行事风格不同的人在一起工作，企业文化和核心价值观被稀释；有时指望着"空降兵"来挽狂澜于既

倒、扶大厦之将倾，却发现他们水土不服，能力得不到发挥，最后不得不黯然离开；为了让员工能力得到快速得升，CEO们不得不推行"打鸡血"式管理，结果导致员工怨声载道，离职率飙升……

俗话说，欲速则不达。管理者必须秉承第一性原理，找到人才发展的底层逻辑，从根本上解决这个问题。"世有伯乐，然后有千里马。千里马常有，而伯乐不常有。"对于人才来说，为什么伯乐不常有呢？

罗伯特·卡普兰（Robert Kaplan）和戴维·诺顿（David Norton）在《战略地图》一书中说到："如果你不能描述它，就无法衡量它；如果你不能衡量它，就无法管理它。"也就是说，伯乐之所以不常有，主要是因为人们对千里马的定义不清晰。

我们常说要重视人才，但是人才在我们心目中的"画像"是什么样的呢？很少人认真思考过这个问题。如果你问某人"什么样的人算人才"，得到的多半是抽象、笼统、模糊的答案。人们对"人才"一词的理解，可谓仁者见仁、智者见智。在一些企业里面，不同的管理者执行的人才标准是不一致的，有时甚至大相径庭。

我们假设这样的场景：当需要从外部招聘人才时，你清楚要招什么样的人吗？如果要从内部提拔，在众多候选人中，你依据什么标准来挑选人才？一个季度结束，依据什么标准来评价你的下属是否胜任岗位？如果想淘汰一位不合格的员工，应该依据什么标准来作出决定？如果你要培养一批后备人才，又需要从哪些方面入手来培养他们？也就是说，如果管理者连优秀人才的标准都不清楚，又怎么能招到优秀人才，怎么让你的员工成为优秀人才，怎么能把合适的人放到合适的位置上？

据统计，80%的用人失败都是因为企业缺乏科学的人才标准。任正非说，人才不是华为公司的核心竞争力，对人才进行有效管理的能力才是企业的核心竞争力。对人才进行有效管理的基础是人才标准，基于这个逻辑，笔者认为很多企业现阶段缺的不是人才，而是人才标准。

因此，企业的当务之急是要基于未来发展战略，清晰定义人才的标准，也就是不同层级、不同序列或不同岗位需要什么样的人才。因为一旦定义不清晰、不准确，企业对人才的选、用、育、留就会走入歧途。当然，定义人才标准不是一件容易的事情，对于不同类型的企业、处于不同发展阶段的企业、企业中的不同职位来说，人才标准是不同的。

3. 人才标准演化史

说到人才标准，我们有必要了解其发展历程。只有知道它的来龙去脉，我们才能更清晰地知道哪一种人才标准更有价值。

"人才"一词出于《易经》，《易·系辞下》中有这样的描述："有天道焉，有人道焉，有地道焉。兼三才而两之，故六。六者非它也，三才之道也。"这里的三才是指天才、地才、人才，《易经》中将天、地、人并列起来，充分说明人的地位之重要。司马迁在《史记·商君列传》中引古逸诗说："得人者兴，失人者崩。"朱熹在《诗经·小雅·菁菁者莪序》中说：

"君子能长育人才，则天下容乐之矣。"可见，自古以来人们就认识到了人才的重要性，而人才标准也是历朝历代人才思想的重要内容。随着社会的发展，人才标准也在不断更新迭代。人才标准的演变是伴随着用人制度的变革和选拔工具的创新而进行的，它体现的是人才思想的进化。

周朝时期采用世卿世禄制度来选拔人才，即主要看门第出身。西周时，天子分封天下，天子、诸侯、卿、士依照血缘世袭，而基层官员和武士则采用贡士制来选拔，这可以说是最早的人才选拔制度了。商鞅变法建立了军功爵制，这一制度可以说是绩效考核的雏形，代表着一个新时代的开始。汉朝开始采用察举制与征辟制选拔民间人才。此时的人才标准是相对模糊的，主要还是以门第、资历为主。

魏文帝时，陈群创立九品中正制，由特定官员按出身、品德等考核民间人才，分为九品录用。随着士族门阀的衰落和庶族地主的兴起，注重门第的九品中正制已无法继续下去。隋文帝即位以后，废除九品中正制，开始实行科举选拔制，但科举考试真正成形是在唐朝。科举制改善了之前的用人制度，彻底打破了血缘世袭关系和世族的垄断，开始以才学为标准来选拔人才。

现代人才标准起源于西方，大体上分为两大流派（如图 1.1 所示）：一派是管理学家提出的以结果为导向的绩效考核流派；另一派是心理学家提出的以行为表现、心理素质特征等（以下统称资质）为导向的能力评价流派。

```
                                    ┌─────────────────────────┐
                                    │   MBO（目标管理法）      │
                                    ├─────────────────────────┤
                                    │  KSF（关键成功因素法）   │
                                    ├─────────────────────────┤
                            ┌───────┤  KPI（关键绩效指标法）   │
                            │       ├─────────────────────────┤
                  ┌─────────┤绩效考核流派│ OKR（目标与关键成果法）  │
                  │         │       ├─────────────────────────┤
                  │         └───────┤  PBC（个人业务承诺计划）  │
                  │                 ├─────────────────────────┤
         ┌────────┤                 │   BSC（平衡计分卡）      │
         │现代人才标准│                 └─────────────────────────┘
         └────────┤                 ┌─────────────────────────┐
                  │                 │      智商（IQ）          │
                  │         ┌───────┤─────────────────────────┤
                  └─────────┤能力评价流派│    情商（EQ）          │
                            │       ├─────────────────────────┤
                            └───────┤     胜任力模型          │
                                    ├─────────────────────────┤
                                    │     任职资格            │
                                    └─────────────────────────┘
```

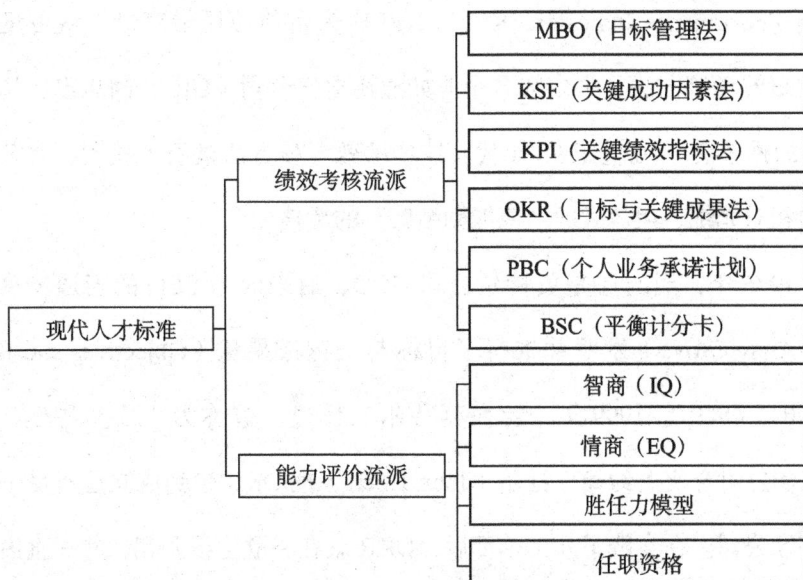

图 1.1　现代人才标准的两大流派

现代的绩效考核起源于英国的文官制度。以前文官晋级主要凭资历，于是造成了工作不分优劣、所有人一起晋级加薪的局面，导致冗员充斥、效率低下。

1854—1870 年，英国实行文官制度改革，开始建立注重表现、才能的考核制度。文官制度的成功实施，使得一些企业纷纷借鉴，他们试图通过绩效考核对员工的表现和业绩进行实事求是的评价。

1954 年彼得·德鲁克（Peter Drucker）出版了《管理的实践》一书，书中提出了"企业的目的和任务必须转化为目标"的观点，目标管理法（Management by Objectives，MBO）由此诞生。1970 年，哈佛大学教授威廉·泽尼（William Zani）进一步提出关键成功因素法（Key Success Factor，KSF）。在 MBO 和 KSF 的基础上，逐渐产生了关键绩效指标法

（Key Performance Indicator，KPI）。KPI 成为目前使用最广泛、认可度最高的绩效考核方法，很多知名企业如通用电气公司（GE）、阿里巴巴均是 KPI 的推崇者。20 世纪 90 年代，这些绩效考核方法被引入我国，代替了之前相对笼统、粗放式的"德能勤绩廉"的考核标准。

1976 年，当时还是英特尔公司 COO、后来成为 CEO 的安迪·葛洛夫（Andy Grove）发明并推行了目标与关键成果法（Objectives and Key Results，OKR）。1999 年，曾在英特尔工作过、被称为"风投之王"的 KPCB 公司合伙人约翰·杜尔（John Doerr）把 OKR 带到成立还不足一年的谷歌公司。在实践了几个季度后，OKR 就在谷歌生根开花，并一直沿用至今。目前除了谷歌、英特尔、甲骨文公司、领英公司之外，百度集团、万科等企业也在使用 OKR。

华为公司采用的是个人业务承诺计划（Personal Business Commitment，PBC），它是 2003 年 IBM 公司在 KPI 的基础上提出的。

1992 年罗伯特·卡普兰（Robert Kaplan）和戴维·诺顿（David Norton）提出了平衡计分卡（Balanced Score Card，BSC），BSC 至今仍然是最重要的企业组织绩效考核方法。

那么，以结果为导向的绩效考核作为人才评价的标准真的有效吗？早在 1969 年，劳伦斯·彼得（Laurence Peter）和雷蒙德·赫尔（Raymond Hell）提出了"彼得原理"，他们分析了 131 家公司近 40 000 名销售人员作为员工和经理时的绩效数据，发现公司有提拔最佳销售员的制度，但这些员工最终在管理层都表现糟糕。他们得出的结论是，一个人在某一领域获得成功并不说明他在更高层次的领域也会获得成功。

能力评价流派则从另一个角度展开了对人才标准的探索。1905 年，法国心理学家比奈·阿尔费雷德（Binet Alfred）和他的学生编制了世界上第一套智力量表。有意思的是，清政府正是在这一年废除了科举考试，无形中标志着现代人才测评时代的到来，由此智商开始成为考察人才的重要标准。我国公务员考试中的行政能力测试、研究生考试中的逻辑题本质上都是对智商的考察。

与智商相对应的是情商。1925 年，美国心理学家爱德华·李·桑代克（Edward Lee Thorndike）提出了社会智力（Social Intelligence）的概念。1990 年美国心理学家约翰·梅耶（Jone Mayer）和彼得·萨洛维（Peter Salovey）首次提出了情商（Emotional Quotient，EQ）的概念，但没有引起广泛关注。1995 年，时任《纽约时报》的科学记者丹尼尔·戈尔曼（Daniel Goleman）对全球 121 家公司与组织的 181 个职位的胜任特征模型进行分析后发现 67% 的胜任特征与 EQ 相关，并出版了《情商：为什么情商比智商更重要》一书，指出 IQ 是最重要的这一传统观念是不准确的，EQ 才是人类最重要的能力。至此，EQ 一词从学术圈走入日常生活，并开始走进企业，成为企业选拔、招聘人才时的重要考察因素之一。

4. 麦克利兰重新定义人才

真正重新定义人才标准、改写人才标准历史的，是哈佛大学的戴维·麦克利兰（David McClelland）教授，他曾以成就动机理论而声名远扬。当时，泰勒的科学管理理论已基本被否定，而智商学说也越来越受到质疑，人们迫切希望了解影响员工绩效的根本原因，却找不到满意的答案。

21 世纪 50 年代初，美国国务院感到以智力因素为标准选拔外交官的效果不理想，许多表面上很优秀的人才在实际工作中的表现却令人失望。在这种情况下，麦克利兰博士应邀帮助美国国务院设计一种能够有效预测实际工作业绩的人员选拔方法。麦克利兰发现，决定一个人在工作上能否取得好成绩的因素，除了拥有工作所必需的知识、技能外，更重要的是其深藏在大脑中的人格特质、动机及价值观等。

1973 年，麦克利兰发表了其具有标志性意义的文章"测试胜任力而非智力"（*Testing for Competence rather than for Intelligence*），首次提出了胜任力（competence）的概念。麦克利兰将胜任力定义为：能够区分在特定的工作岗位和组织环境中绩效水平的个人特征。也就是说，胜任力是区分优才与庸才的标准，它能够反映组织环境和工作岗位的特点。

通过对"人"的胜任力进行分析，企业可以甄选出符合组织需要的人才，因为胜任力的高低决定了组织能否获得预期的结果。这就形成了一个潜在逻辑：具有什么样的胜任力特质，就会有什么样的行为表现，就会产出什么样的工作成果。

其后，美国学者理查德·博亚特兹（Richard Boyatzis）对麦克利兰的理论进行了广泛深入的研究，提出了"人才素质的洋葱模型"（如图 1.2 所示）。洋葱模型把胜任力由内到外概括为层层包裹的结构，最核心的是动机，然后向外依次展开为个性、自我形象与价值观、社会角色、态度、知识、技能。在洋葱模型中，越向外层的特质，越易于培养和评价；越向内层的特质，越难以评价和习得。

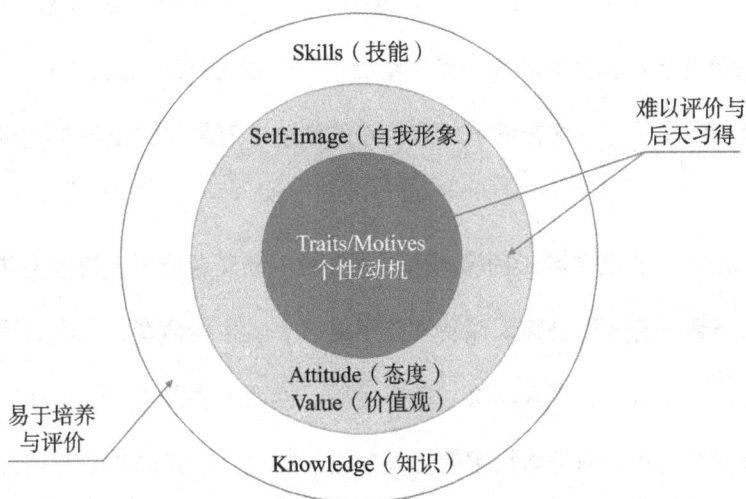

图 1.2　人才素质的洋葱模型

1982 年，理查德·博亚特兹出版了《胜任的经理：一个高效的绩效模型》一书。书中提出了经理的有效胜任力模型，胜任力模型开始真正用于企业管理领域。该模型认为，要想取得好的绩效，管理人员需要具备六个方面的胜任力，即目标和行动管理、领导、人力资源管理、指导下级技能、其他（客观知觉、自我控制、持久性、适应性）、特殊知识。

自 1989 年起，麦克利兰开始对全球 200 多项工作所涉及的胜任素质进行观察研究。经过逐步发展与完善，最终提炼出 21 项通用胜任素质要素，形成了胜任素质的基本内容。

1991 年，美国学者哈维（Harvey）提出了 KSAO 模型，将胜任力定义为能区分高绩效和一般绩效的知识（knowledge）、技能（skill）、能力（ability）和其他个性特征（others）。KSAO 模型与冰山模型本质相同，可以起到相互补充的作用。

1993 年，麦克利兰的学生、美国心理学家莱尔·斯班瑟（Lylem Spencer）博士首次针对胜任力模型给出了一个较完整的定义，即胜任力模型是指和参照效标（优秀的绩效或合格的绩效）有因果关系的个体深层次特征。

2003 年，我国学者彭剑锋提出了胜任力的新洋葱模型，该模型共有七层，从外到内的顺序是知识储备和技术能力、人生价值观、个人态度、社会角色、自我形象、个人动机、性格品质。模型由表及里、逐层深入，通过从最表层的知识储备和技术能力到最里层的个人性格品质来描述胜任特征。对于洋葱模型外层的特质，人们容易进行考察及评价，越往里层的特质，就越难测量。

作为现代人才标准的另一种重要形式，任职资格体系的核心思想源于英国国家职业资格（NVQ）。华为于 1998 年引进 NVQ，开始建立自己的任职资格体系。任职资格体系与体制内的职称制度有一定的相似之处。职称制度是改革开放的产物，是我国人事管理制度的重要组成部分，更是人才评价的重要手段。新中国初期实行"技术职务任命制"，后来逐渐演变成现在的"技术职称评定制"。任职资格其实相当于企业内部的职称评审标准。

　　至此，现代人才标准逐步形成了绩效考核、任职资格和胜任力模型三分天下的局面（如图 1.3 所示）。绩效考核强调的是工作结果，任职资格关注的是基本资格条件，而胜任力则是对深层素质的提炼。绩效考核完全以结果论英雄，更看重考核而不注重发展，当前绩效好的员工将来未必也绩效好，因此它在人才培养发展方面所起的作用有限。任职资格与绩效之间的关联较弱，可以预测未来绩效的胜任力模型会逐渐受到企业的追捧，成为当下最重要的人才标准。

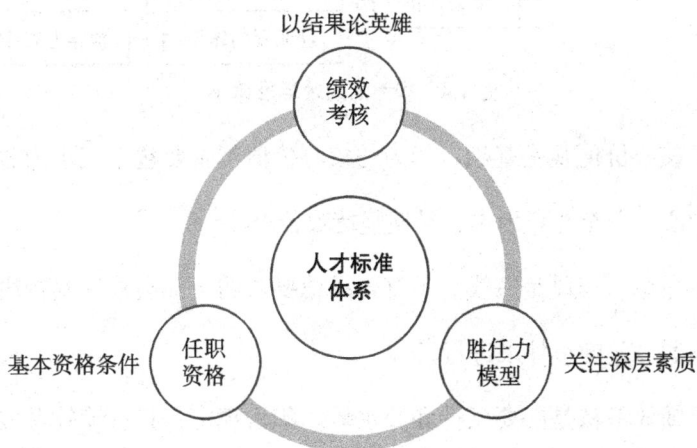

图 1.3　三大人才标准

15

5. 胜任力是人才标准的核心

　　华为为什么能打造良将如潮的干部队伍？这是因为它建立了一套标准化的干部评价标准。在不同的业务部门、不同的管理层级，华为在进行干部评价时，采用的是同一套标准。这套干部评价的标准包括如图 1.4 所示的四个核心内容。

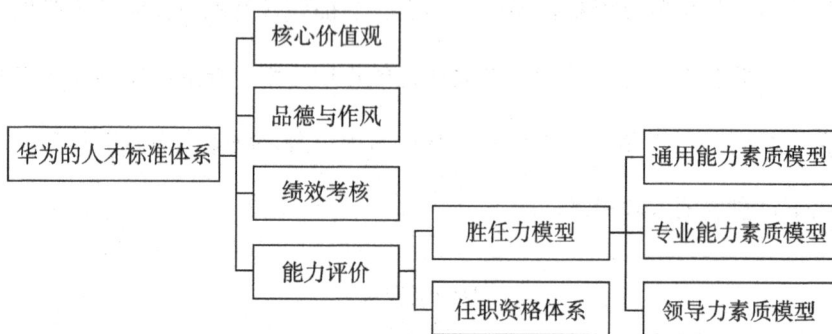

图 1.4　华为的人才标准体系

　　（1）核心价值观是基础。华为的核心价值观主要包括三个内容，即以客户为中心、以奋斗者为本、长期坚持艰苦奋斗。

　　（2）品德与作风是底线。不符合品德要求的干部会被一票否决，这方面的考核通过关键事件来进行。

　　（3）绩效考核是必要条件和分水岭。华为规定，只有绩效考核结果排名在前 25% 的人才有资格被提拔为干部。

　　（4）能力评价是关键成功要素。华为的胜任力模型包括领导力模型、专业能力素质模型、通用能力素质模型。领导力模型包括九个关键素质，这九个关键素质一开始被称为"干部九条"，后来被优化成"干部四力"。华为还构建了任职资格体系，并将胜任力模型整合其中。

从这个案例可以看出，华为的用人标准涵盖了绩效考核、任职资格、胜任力模型，而胜任力模型（领导力模型）是整个干部评价标准中最为核心的部分，是华为良将如潮、人才辈出的"秘密武器"。

第2章

从胜任力模型到胜任力思维

1. 揭开胜任力模型的神秘面纱

胜任力模型起源于美国心理学家戴维·麦克利兰于 1973 年提出的冰山模型（如图 2.1 所示）。冰山模型将人的素质划分为冰山以上的部分和冰山以下的部分。冰山以上的部分包括知识、技能，这些是外在表现；冰山以下的部分包括社会角色、自我形象、特质和动机，这些是内隐特征。

- **知识**是指个人在某个领域掌握的信息总和，例如，了解财务方面的知识，掌握计算机语言和编程的方法，等等。
- **技能**是指个人运用他掌握知识的方式和方法，例如，可以熟练操作计算机，或者可以流利地用外语进行交流，等等。
- **社会角色**是指个人呈现给社会的形象，例如，他是一个制定战略者还是执行战略者，是发起变革者还是执行变革者，等等。

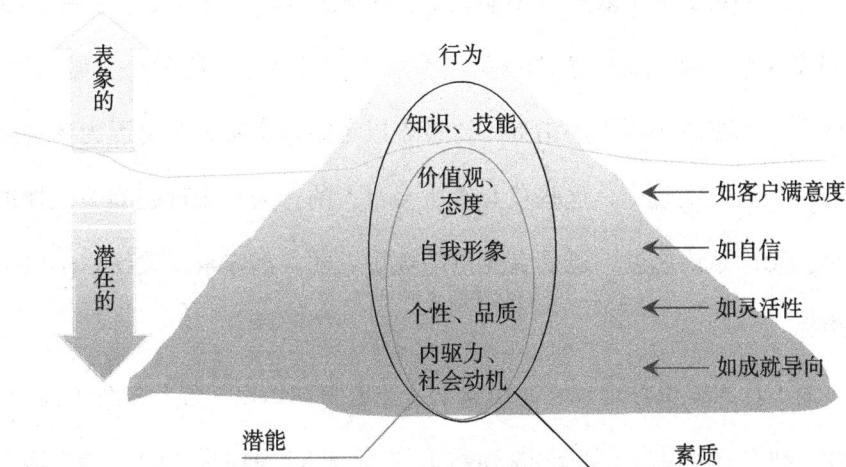

图 2.1 冰山模型图解

- **自我形象**是指个人对自己的形象定位，例如，把自己看成一个老师或领导者，把自己看成擅长演讲的人或不擅长演讲的人，等等。

- **特质**是指个人以一定的方式产生行为的性情和气质，例如，某人是个很好的聆听者，有危机感，对数字敏感，有洞察力，等等。

- **动机**是指个人对行为不断产生驱动作用的需要和想法，例如，想要自我成就某些事情，想要影响他人的绩效，等等。

冰山以上的知识、技能较容易被发现和测量，处在冰山以下的社会角色、自我形象、特质、动机等则难以被发现，而且所处位置越深，对绩效的影响就越深远。

以谈恋爱为例，当与恋爱对象初次相识时，人们通常容易被对方的外在形象和条件所迷惑，如长得帅不帅等，这些就是冰山模型中冰山以上的指标。事实证明，表象并不能代表一个人的全部。所以，我们要找到那些支撑个人做出优秀表现的核心素质，如负责任、有爱心、诚实等，这些是深藏在冰山以下的指标，比较难以考察，也不太容易因为受到外界的影响而发生改变，这些核心素质会对人的行为与表现起到关键性的作用。无论是谈恋爱，还是企业招聘选拔人才，都应重点关注冰山以下的指标。

为了让大家更好地理解冰山模型，笔者将冰山以下部分划分为潜质、个性、动力三个层次（如图 2.2 所示），也就是人们通常说的能不能、适不适合、愿不愿。

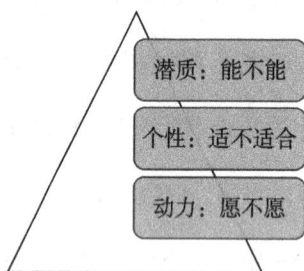

图 2.2 冰山以下素质的三个层次

处于第一个层次的是潜质，它决定了个体"能不能"做某项工作。潜质由一般能力（基本潜能）和基础工作能力组成。一般能力类似于国家公务员考试考察的行政能力，包括语言能力、数字能力、逻辑能力、机械推理、空间关系；基础工作能力包括沟通能力、合作能力、学习能力、创新能力、问题解决能力和信息处理能力。

处于第二个层次的是个性，它决定了个体"适不适合"做某项工作。个性既包含人们先天的因素，也包含人们在后天成长过程中逐渐形成的性格特征。个性一旦形成，在相当长的一段时间内是非常稳定的，所以其对个体行为的影响是相当深远的。

处于冰山最底部的是动力，它决定了个体"愿不愿"做某项工作。动力可以细分为价值观、兴趣和品德。其中，价值观是指人们对周围客观事物的意义、重要性的总体评价和看法，它决定了个体认为某项工作是否"值得做"；兴趣是指个体从事某类工作的意愿，回答了是否"喜欢做"的问题；品德则是我们通常所说的道德品质，如我们常常考察测评对象是否诚信、正直、忠诚、尽责等，它回答了是否"应该做"的问题。这三者相结合，往往形成了人们从事某项工作或做某件事情的完整动机。

很多人会好奇，前面说的知识、技能、潜质、个性、动力，与专业能力、通用能力、管理能力之间是什么关系呢？

借鉴美国学者哈维的观点，笔者认为能力一词更多的是指个人的基本特征，在谈论某个人能否完成一项工作时，使用"技能"一词更加恰当。也就是说，知识、技能、潜质、个性、动力是构成能力的要素，而通用能力、专业能力、管理与领导力是能力的类别。

通用能力是指大部分岗位都需要具备的基础能力，如沟通能力、敢于担责、正直诚信等；专业能力是指与财务、市场、销售、研发、技术、生产等业务相关的能力，如营销推广、方案撰写；管理与领导力是指计划、组织、协调、控制、决策、激励下属、战略思维等能力。通用能力、专业能力和管理能力都是复合型能力，每一项能力都包括知识、技能、潜质、个性、动力等素质要素。

尽管学术界对胜任力概念的界定不尽相同，但归纳起来胜任力有如图 2.3 所示的几个特征：第一，与工作紧密相关，即胜任力在很大程度上受到工作环境、工作条件及岗位特征的影响，具有动态性；第二，胜任力能够区分工作岗位中的高绩效者与一般绩效者，可以预测员工未来的工作绩效；第三，胜任力是可以被测评的、稳定的行为特征。因此，并不是员工具有的知识、技能、个人特征都可以被认为是胜任力，只有满足上述三个重要特征的知识、技能和特征才能被认为是胜任力。

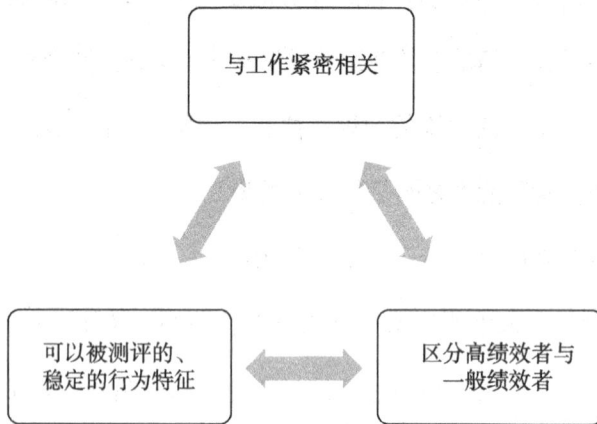

图 2.3　胜任力的特征

2. 胜任力模型的两大流派

如表 2.1 所示，胜是指完全能够，任是指担任，力是指能力素质，模型就是框架或标准的意思。因此，胜任力模型是指由完全能够担任某项工作所需能力素质组成的一种标准。

表 2.1 胜任力模型的字面意思拆解

胜	任	力	模型
完全能够	担任（某项工作）	（所需）能力素质	（组成）的一种框架或标准

我们可以理解为，胜任力 = 能力 + 素质，能力更侧重于思维、技能、行为层面，素质更侧重于态度、价值观、动机层面。因此，胜任力模型 = 能力与素质模型 = 能力模型 + 素质模型（如图 2.4 所示）。

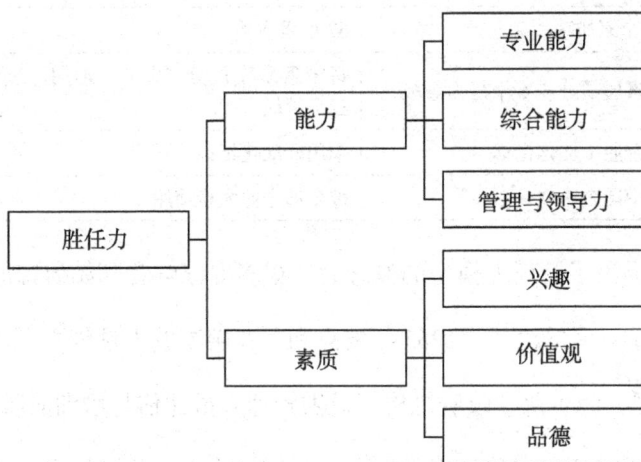

图 2.4 胜任力与能力、素质的关系

胜任力模型可以帮助管理者判断并发现影响员工绩效好坏的关键驱动因素，管理者可以据此指导员工改进并提高绩效。胜任力模型可以帮助企业管理者回答一个问题：胜任该岗位的人要具备什么样的特征，通俗地说就是什么样的领导是好领导，什么样的员工是好员工。胜任力模型是针对特定的组织，在特定的时期设计的。不同的企业所处的行业及其组织结构、业务模式等都会存在差异，因此对员工的素质要求也不相同。即使是同一家企业，发展阶段不同，它的胜任力模型也会发生变化。

之所以很多企业的胜任力模型在呈现形式、精细化程度上存在差异，正是因为胜任力模型有不同流派之分（如表 2.2 所示）。

表 2.2　胜任力模型的两大流派

	流派一：麦克伯	流派二：罗明格
建模技术	行为事件访谈定锚技术	模组化建模技术
建模风格	接近心理学风格	接近管理学风格
模型特点	采用学术化的语言	采用贴近于企业的语言
素质词典	20 多个素质项	67 个素质项
行为等级	每个素质项分 4~6 个行为等级	每个素质项仅分"欠缺、适用、过度"三个等级
模型成果	采用企业个性化指标	采用标准化指标
使用范围	更受中国企业欢迎	被全球企业大量使用

在麦克利兰提出了胜任力模型的概念后，很多专家学者开始研究胜任力模型，并形成了很多的流派。1963 年麦克利兰在美国波士顿创立了麦克伯（McBer）公司，为企业、政府机构等提供管理人员评估与培训的服务。1984 年，麦克伯被合益（Hay）公司收购。在此之前，合益以其岗位价值评估模型"海氏因素法"而闻名，该模型与美世国际职位评估体系齐名。合益的创始人莱尔·斯班瑟博士便是麦克利兰的学生。

除了合益以外，还有另一家在胜任力模型领域深耕的企业——罗明格公司，业内知名的学习敏锐度模型就是由这家公司提出来的。

胜任力模型在外资咨询公司中被分为两大流派：一派以合益、麦克伯为代表，采用行为事件访谈（BEI）的定锚技术，风格上更接近心理学；另一派以罗明格和智睿公司（DDI）为代表，采用模组化建模技术，风格上更接近管理学。

有意思的是，2006 年罗明格被猎头机构光辉国际（Korn Ferry）公司收购，2015 年合益也被光辉国际收购。至此，这两大胜任力模型流派的代表都被纳入光辉国际旗下。

罗明格的创始人迈克尔·隆巴尔多（Michael Lombardo）具有企业人力资源管理和咨询顾问的从业背景，所以相比麦克伯的学术性和严谨性，罗明格的胜任力词典更贴近于企业的语言。例如，前者使用"分析思维""概念思维"等指标，后者则使用"商业敏锐度""创新"等指标。

罗明格认为，胜任力模型已经被无数人研究过，不同企业的胜任力模型其实大同小异，因此没有必要重新建立模型。通用领导力素质就是有限的 67 种，只要稍作培训，企业就可以按照每个岗位的实际情况，用卡片分析的方式找出其素质要求。所以，罗明格坚持胜任力指标定义的标准化，他认为如果每家企业对胜任力词条的定义都不完全一样，就很难进行数据对比。

相较于罗明格胜任力模型的 8 种类型、26 个群组、67 个素质，麦克伯的胜任力只包含二十几种素质，每种又分成 4~6 个等级。麦克伯认为确定胜任力的过程需要由专家通过严谨的行为事件访谈来进行，在借鉴胜任力词典的基础上用客户的语言写成相应的素质项。罗明格的领导力素质仅分为"欠缺、适用、过度"三个等级。以财务经理岗位为例，在麦克伯的模式里，其要求的素质和财务总监是一样的，只是素质层级不同；而在罗明格的模型里，财务经理和财务总监需要的素质是不一样的。

我们很难判断哪个流派更好，作为后来者，罗明格的方法更接地气，它研发、积累了十几种以能力素质为核心的管理工具，在那个时代已经做到了极致，因此被许多跨国企业使用。麦克伯公司的方法在我国企业中应用更广泛，或许这与华为等知名企业引进该方法有关。可以说，麦克伯的方法带有浓厚的心理学特点，是以素质为基础的人才管理方法的"鼻祖"。

3. 当胜任力模型遇上任职资格

很多人并不清楚胜任力模型与任职资格之间的区别和联系。顾名思义，任职资格是指担任这个职位的资格条件；胜任力是完全能够担任这个职位的能力与素质。套用冰山模型理论，任职资格是指冰山上的部分，胜任力特指冰山下的部分。也就是说，任职资格是区分合格与不合格员工的基本要求，是 60 分上下的区别；胜任力模型是区分优秀员工与普通员工的差异化特质，是 90 分上下的区别。任职资格与胜任力模型的简单对比如表 2.3 所示，虽然这样区分在逻辑上并不十分严谨，但是让人易于理解。

表 2.3 任职资格与胜任力模型对比

	任职资格	胜任力模型
起源	英国	美国
时间	1986 年	1973 年

（续表）

	任职资格	胜任力模型
颗粒度	颗粒度较细，一般按岗位构建	颗粒度较大，一般按层级或岗位类别构建
关注点	关注的是合格员工应具备的浅层次的素质，如知识、技能、经验、学历等因素	关注的是优秀员工应具备的深层次的素质，包括动机、品德、能力、个性等特征
用途	门槛类标准，鉴别员工是否合格	发展类标准，区分优秀员工和一般员工
适用对象	技术、技能型岗位	管理类岗位及其他核心人才

企业管理者在构建人才标准时，可以将胜任力模型纳入到任职资格体系中，如图 2.5 所示。

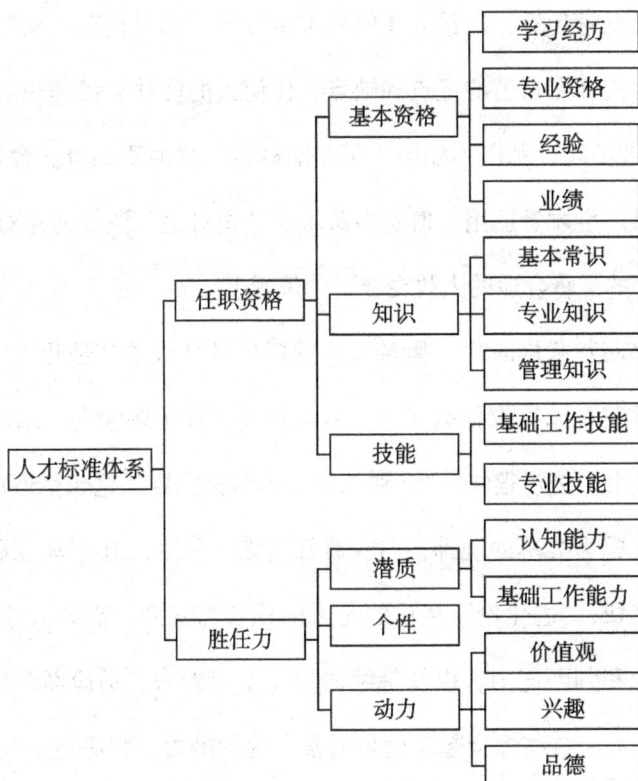

图 2.5　任职资格与胜任力模型整合后的逻辑关系

任职资格包括基本资格、知识和技能三个部分。知识包括基本常识、专业知识、管理知识。技能分为基础工作技能和专业技能，基础工作技能是指一些基本的办公技能，如电脑操作技能、外语水平等；专业技能是指与专业相关的工作技能。胜任力包括潜质、个性和动力三个部分。

从任职资格到胜任力模型，代表的是人才标准的进化，尽管前者起源的时间还要稍晚一些。

在工业时代，衡量人才的重要标准就是"资本论"，所谓"资本"是指资格与本领，企业管理者特别注重对员工资历、学历的考察。

进入信息时代后，衡量人才的标准变成了"相对论"。"相对论"的观点就是每个人都有自己的优点和缺点，任何人的优缺点都是相对的。有道是，"骏马能历险，犁田不如牛。坚车能载重，渡河不如舟。舍长以就短，智高难为谋。生才贵适用，慎勿多苛求。""相对论"注重的是对胜任力的考察，提倡的是将合适的人放在合适的位置上。

到了移动互联网时代，衡量人才的标准就变成了"进化论"。就像三国时期的吕蒙，原来没什么文化，被人称为"吴下阿蒙"。他在孙权的建议下发奋读书，进步很快，"士别三日，当刮目相看"这句话便由此而来。后来，吕蒙成为吴军的统帅，白衣渡江击败了关羽。在移动互联网时代，社会变化飞快，"进化论"注重的是人的成长与发展，需要人才具有对未来的洞察力和判断能力，以及持续的快速学习能力、适应新环境的能力、创新变革能力，这些综合起来就是通常所说的潜力，它决定了一个人将来能达到什么样的高度。

人才"资本论"背后体现的是任职资格理念,人才"相对论"和"进化论"背后体现的是胜任力理念。

对于企业人才管理工作来说,既需要任职资格,也需要胜任力模型,那么在什么情况下胜任力模型会更有价值呢?一般来说,当遇到以下几种情况时,胜任力模型的作用会更加明显。

(1)当企业快速扩张、需要从外部招聘大量人员或者从内部选拔优秀人才时,管理者采用胜任力模型可以不拘泥于某种资历、知识和经验,而应更加关注对绩效产生重要作用的能力素质。

(2)当员工能力水平良莠不齐、培训效果不明显时,构建胜任力模型可以有针对性地选拔和培养优秀人才,打造高绩效团队。

(3)当员工学历、知识、技能都很好,却不能产生高绩效时,构建胜任力模型可以让员工了解到做好本岗位工作需要具备哪些核心素质,从而有针对性地进行自我提升和发展。

4. 胜任力模型到底有什么用

1982 年,美国学者博亚特兹首次将胜任力应用到管理工作中,胜任力概念从此被迅速普及,如今西方企业都已将胜任力因素纳入整个人力资源管理体系中。据调查,《财富》世界 500 强企业中已有超半数的企业应用了胜任力模型;在一项基于全球 426 家公司的调查中,有 80% 的公司已开始在人力资源管理中应用胜任力模型。据统计，美国企业每年投入胜任力模型方面的费用高达数亿美元。阿伯丁集团的研究结果显示，53% 的一流企业具有明确的胜任力模型，而在业绩较差的企业中只有 31% 的企业拥有胜任力模型。同时，一流企业为关键职位和所有职位确定胜任力模型的比例，分别比其他企业高出 45% 和 64%。

胜任力模型在 20 世纪 90 年代传入我国，在短短的十多年里，受到了许多企业的大力追捧，掀起了一股建模热潮。这些企业先后在专业咨询机构的帮助下建立了胜任力模型，用于指导人才管理的选、用、育、留工作。即便是到了互联网思维大行其道的今天，胜任力模型的热度依然不减，它始终是 TD、OD 领域中的热门话题之一。那么，对于企业来说，胜任力模型到底有什么价值呢？答案如图 2.6 所示。

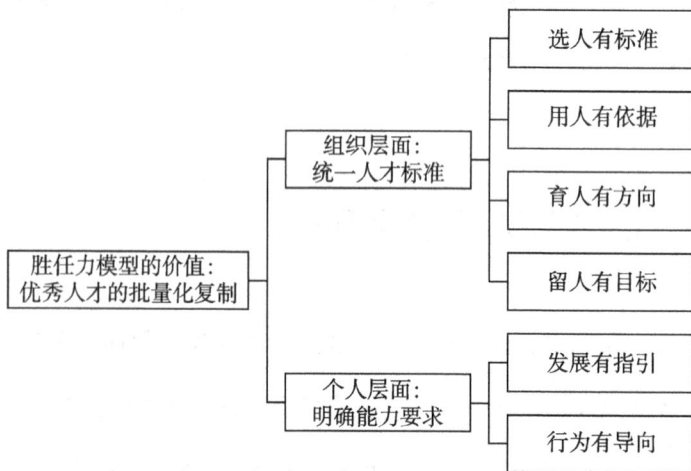

图 2.6　胜任力模型的价值

从组织层面来说，胜任力模型为企业人才测评工作提供了统一标准，使企业统一了内部人才语言，可以对同类人员使用相同的标准进行衡量。当企业有了胜任力模型之后，就意味着企业可以对人的能力进行统一、科学和客观的评价，为人事决策和人才发展提供科学依据，使企业做到"选人有标准、用人有依据、育人有方向、留人有目标"，最终帮助企业找到合适的人才来落实其战略目标。企业将胜任力模型用于人力规划与人才盘点工作，可以提高相关工作的精细化水平和实用性；用于人才招募与甄选工作，可以提高筛选的精确性与成功率；用于绩效管理工作，可以弥补业绩导向的片面性；用于人才培养工作，可以获得清晰的人才培养标准，提高人才培养的效率。

从个人层面来说，胜任力模型描述了优秀人才的核心特征，可以使员工了解所在岗位的能力要求，明确自己的能力提升方向。同时，胜任力模型指标中的行为描述，能够为员工的行为提供清晰的导向作用，使其行为符合公司的要求。

如果企业管理者都按照自己的标准来选拔和培养人才，那么企业的人才管理工作就会陷入混乱。所以，胜任力模型最大的价值，就是能避免"一千人心中有一千个哈姆雷特"的情况出现，对同一类别的人才用同一个模子进行选拔，实现人才的批量化复制。

有人认为，很多企业没有胜任力模型，不是照样发展得很好吗？胜任力模型能直接产生利润吗？

这是一个非常好的问题，也是一个富有哲理的问题。

胜任力模型有一定的适用范围，它在某些场景下的适用性更强，更容易产生效果。

首先,尽管从适用对象来看,按照胜任力的分类,既可以构建员工的胜任力模型,也可以构建领导力模型,但是从冰山模型的角度来看,胜任力更加注重较难发展的动机、特质、态度和价值观,而不是专业知识与技能。因此,胜任力模型更适用于管理层。

其次,胜任力模型更多是从人才甄选的角度来思考的,并非从人才激励和培养的角度来考虑。因此,从适用领域来看,外部招聘、人才培训、继任者计划是胜任力模型比较好的切入点,如果直接将胜任力模型应用于绩效与薪酬工作,则风险较大。

有些咨询培训机构过于夸大胜任力模型的价值,把它当作"万灵良药",仿佛没有胜任力模型,企业就活不下去了。麦克利兰的实验表明,胜任力与高绩效的相关度为70%,剩余30%则是外部环境对人产生的影响。

因此,我们不能孤立地看待胜任力模型,而应把它放在整个人力资源体系甚至整个公司的管理体系中,这样才能准确理解它的价值。总之,基于胜任力的人才管理是以人为导向,而不是以职务为导向的。

5. 你更需要的是胜任力思维

胜任力模型会不会存在水土不服的问题呢?从国外引入的管理工具

都存在本土适应性问题，胜任力模型也不例外。因此，如何学习和应用它就变得十分关键。总的来说，我国企业向西方学管理主要有以下模式。

第一种模式叫"削足适履"，就是企业全面系统性地学习西方先进管理经验，代表企业是华为。华为完全照抄 IBM 的管理模式，先套用，后优化，再固化。华为的"干部九条"领导力模型便是典型的麦克伯风格。

第二种模式叫"削履适足"，就是企业学习这种工具方法的精髓，而形式上更加中国化，代表企业是阿里巴巴。阿里巴巴的"六脉神剑"的核心价值观是在学习 GE 的基础上进行的本土化改良。

这两种学习模式不存在绝对的好与坏，但是对于我国大多数企业来说，阿里巴巴模式更加容易借鉴，风险也更小。

无论采用哪种学习模式，企业管理者需要学习的并不是具体的胜任力模型，而是模型背后的思维方式。胜任力模型等管理工具能起到的作用毋庸置疑，但光有工具是不够的，这也是为什么很多公司引入了各式各样的管理工具（如流程化管理、三板斧、OKR 等）最后却失败了。工具本身没有错，关键在于使用工具的人。让工具发挥作用的关键要素是什么呢？是人深度思考的能力。胜任力模型这一工具背后的深度思考能力，笔者称之为"胜任力思维"。

尽管 1973 年麦克利兰才提出胜任力模型的理论，但是胜任力作为一种思维方式，其实在很早以前就产生了。在古罗马时代，人们为了弄清楚什么样的战士才是一名好的战士，构建了一个胜任力剖面图，我们可将其视为胜任力模型的雏形。

我国古代文化中也有着丰富的胜任力思想。《孙子兵法·始计篇》中提到，"将者，智、信、仁、勇、严也"，这可以被看作是最早的领导力模型。孔子提出了"仁智勇"的胜任力思想，他认为领导者应该具有"仁者不忧"的情感力量、"智者不惑"的智慧力量、"勇者不惧"的意志力量。墨子提出"博乎道术""厚乎德行""辩乎言谈""非乐节用""兼容守拙"的观念，对于领导者的知识结构、道德品质、语言能力、生活作风和为人原则等进行了阐述。这些理念对胜任力研究有着重要的借鉴作用。

20 世纪初，泰勒开展了时间 – 动作研究，发现优秀工人和一般工人在完成工作时存在差异，建议管理者使用时间 – 动作分析，去界定工人的胜任力特征是由哪些因素组成的，同时通过培训或发展活动提高工人的胜任力，进而提高组织效能，这可看做一种胜任力建模启蒙。

与绩效考核的结果导向思维有所不同，胜任力思维是一种因果导向的思维，通过识别高素质的"因"来达成高绩效的"果"，即帮助企业找到一批志同道合者（符合企业现在和未来发展需要的人），并对他们进行批量化复制，以实现良将如潮、人才辈出的目标。概括起来，胜任力思维有如图 2.7 所示的三个特点。

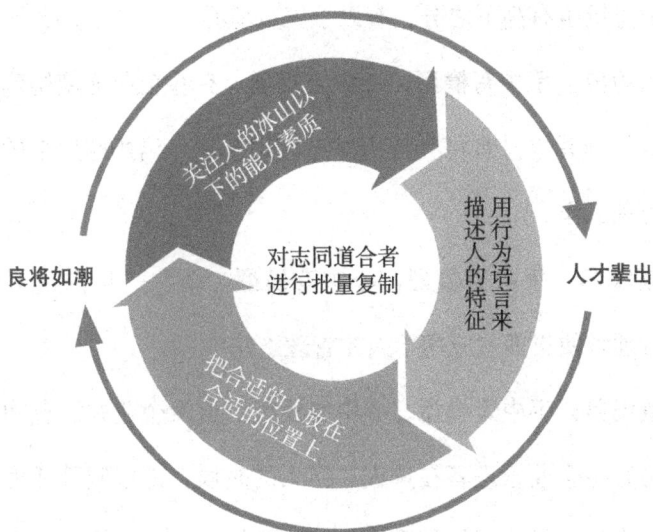

图 2.7　胜任力思维的三个特点

（1）关注人的冰山以下的能力素质。当管理者在评价一名员工时，不是看他的一些表面特征，如年龄、学历、颜值等，而是关注支撑他未来取得高绩效的深层次特征，如责任心、学习能力等。

（2）用行为语言来描述人的特征。用行为语言来描述人的能力特征，一般采用"行为取向（做什么）＋行为方式（怎么做）＋行为结果（按什么要求输出什么）"的形式，而不是模棱两可的描述，因为只有行为化之后人的能力才容易被观察和衡量，才容易被培养和开发。

（3）把合适的人放在合适的位置上。每个岗位对人的能力要求是不同的，每个人也有不同的能力优劣势，管理者要将合适的人放在合适的位置上。有的人可能是一个好的专家，但不一定是个好的管理者；有的人适合做技术研发工作，但不一定适合做销售工作。

胜任力思维也有高下之分，有以下三重境界。

第一重境界：手中有模型，心中无模型。有些企业即使构建了胜任力模型，企业管理者也没有将胜任力模型应用起来，仍按照原来的传统思维开展人才管理工作。

第二重境界：手中有模型，心中有模型。企业一旦构建了胜任力模型，企业管理者便将模型应用于人才管理工作中。

第三重境界：手中无模型，心中有模型。虽然企业并没有构建胜任力模型，但是有些企业管理者在选人、用人的时候，是按照胜任力模型的框架来开展工作的，只不过他们没有把胜任力模型用图文形式呈现出来，胜任力模型已存在于他们的脑海之中，并且大家的认知是统一的。

中篇

构建胜任力

第3章

如何构建胜任力模型

1. 好的计划是成功的一半

选择一个合适的时机，是确保胜任力模型开发过程高效顺畅、开发成果能够得到有效应用的关键。一般而言，企业在如图 3.1 所示的几个关键时期引入胜任力模型比较合适，概括起来就是"四前四后"。

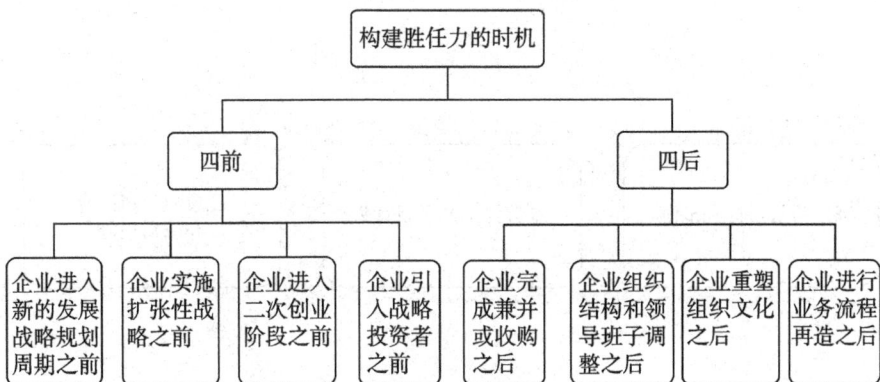

```
                   构建胜任力的时机
                          │
            ┌─────────────┴─────────────┐
           四前                        四后
   ┌────┬────┬────┬────┐     ┌────┬────┬────┬────┐
  企业  企业  企业  企业     企业  企业  企业  企业
  进入  实施  进入  引入     完成  组织  重塑  进行
  新的  扩张  二次  战略     兼并  结构  组织  业务
  发展  性战  创业  投资     或收  和领  文化  流程
  战略  略之  阶段  者之     购之  导班  之后  再造
  规划  前    之前  前       后    子调         之后
  周期                            整之
  之前                            后
```

图 3.1　构建胜任力模型的合适时机

39

"四前"是指企业进入新的发展战略规划周期之前、企业实施扩张性战略之前、企业进入二次创业阶段之前、企业引入战略投资者之前。之所以选择在这些节点之前，是因为战略的实施需要人才队伍的支撑，企业只有先把人才标准界定清楚，在此基础上进行人才的选、用、育、留，才能推动战略的落地。

"四后"是指企业完成兼并或收购之后、企业组织结构和领导班子调整之后、企业重塑组织文化之后、企业进行业务流程再造之后。为什么要选择在这些节点之后建模呢？这是因为并购、组织架构、组织文化与流程等的变化，都可能导致岗位职能和对人的行为要求发生变化，如果企业先构建了胜任力模型，等这些变化发生之后还需要再对模型进行优化，这样就会浪费时间与精力。

我们都知道，打好地基是建造永久性建筑物的第一步，构建胜任力模型也是如此。

企业启动胜任力模型构建项目的流程如图 3.2 所示。

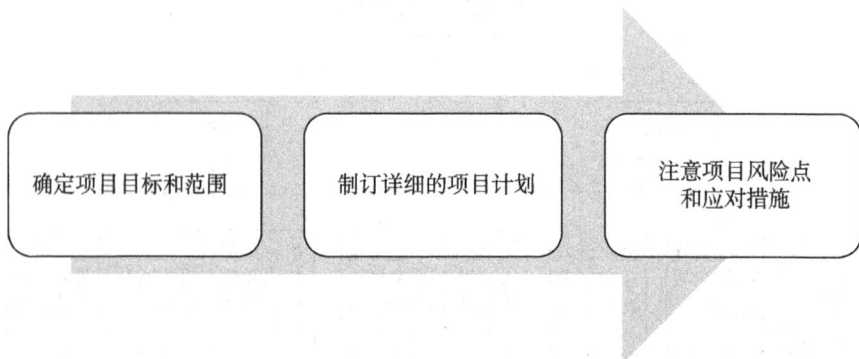

图 3.2　企业启动胜任力模型构建项目的流程

首先，要确定项目目标和范围，明确为什么要做这个项目，基于什么业务发展需要来开展这个项目，模型的目标群体是哪些人，项目实施以后会产生什么价值。这些都是高管和业务领导应该关注的问题，建议管理者想清楚之后再行动。

其次，要制订详细的项目计划，明确项目涉及哪些任务，谁负责实施，什么时候完成，需要什么资源，费用预算是多少，项目的预期结果是什么，如何验收这些成果。

对于任何一个项目来说，好的计划是成功的一半。构建胜任力模型涉及复杂的项目管理工作，如收集内部资料、安排访谈或问卷调研、组织阶段性汇报、进行内部研讨等。要想确保在规定的时间和预算内完成这些工作，管理者就需要制订一个详细的项目计划来帮助推进项目。

项目计划是控制工作量、总结和评估项目进展，以及与项目小组成员和利害关系人沟通的主要工具。这个工具有助于确定完成项目的资源要求（如人力、时间、资金和技术），这些信息对寻求决策者和利害关系人的支持十分有用。项目范围大小不同、项目小组成员数量不同，对资源的要求也不同。

构建胜任力模型是一项技术难度较高的工作，具体负责这项工作的人员非常关键。如果建模人员不专业，就会导致项目失败。

要想保证胜任力模型构建成功，企业必须选择有较高专业水平的人员，如果企业内部缺少这样的专家，就需要寻求第三方咨询机构的帮助。专业的建模人员除了需要具备扎实的胜任力模型和人才管理的相关知识，掌握胜任力模型构建的工具使用技巧（如行为事件访谈、促动技术、编码、数据统计等）之外，还应当具备较强的总结归纳能力、文字表达能力和沟通协调能力。

项目组的规模大小和人员组成应该依据项目的范围来确定，除了项目负责人以外，项目组还需要有以下人员：负责实施和使用胜任力模型的人、受项目影响的利害关系人，以及组织内提倡该项目的高层支持者。

表 3.1 是某企业胜任力模型构建项目计划。

表 3.1 某企业胜任力模型构建项目计划

阶段	主要任务	成果产出	负责人	时间
立项阶段	相关咨询机构信息收集	胜任力咨询机构名单	丽娜	2020 年 2 月
	约谈咨询机构	咨询机构对比分析表	丽娜	
	撰写项目方案与预算	胜任力模型项目方案	丽娜	
	项目立项与预算报批	项目审批表	陈英	
招标阶段	发出招标邀请涵	招标邀请涵	丽娜	2020 年 3 月
	供应商述标	供应商撰写的项目方案	丽娜	
	供应商谈判与合同签定	咨询项目合同	陈英	
实施阶段	项目启动会	项目启动会 PPT	陈英	2020 年 5~6 月
	访谈调研与信息收集	访谈记录、调研报告	丽娜	
	项目阶段性成果汇报	胜任力模型初稿	陈英	
	咨询机构修改项目成果	胜任力模型修改稿	丽娜	
	胜任力模型成果评审	胜任力模型终稿	陈英	
	项目结项汇报	项目结项汇报材料	丽娜	
推广阶段	胜任力模型发布会	胜任力模型发布 PPT	陈英	2020 年 6 月
	胜任力模型宣导	海报、公众号文章	丽娜	2020 年 7~8 月
	胜任力模型配套工具开发	待定	丽娜	

胜任力模型的项目时间从 2 周到几个月不等，大多数项目在 2~3 个月内就可以完成。费用方面则根据模型覆盖群体与岗位数量、采用的建模方法、模型成果精细化程度、访谈调研工作量等来确定，差异性非常大：如果由内部人员建模，可能是零费用；如果委托咨询机构来完成，费用可能需要几万元到几十万元甚至上百万元。2018 年，笔者曾参与一家乳业集团领导力模型的投标（一套模型），当时四家咨询公司参与竞标，大多报价 50 万 ~60 万元，另有一家外资咨询公司报价超过了 100 万元。

很多企业管理者以为聘请了咨询机构来构建胜任力模型，只要把项目丢给咨询顾问，自己就可以不管不问、高枕无忧了，但这是不可能的。在胜任力模型的构建过程中，企业内部人员和咨询公司各自有其不可替代的作用，很多环节需要内部人员的参与。因为在较短的时间内，咨询顾问不可能完全摸透企业的内部情况，一些分析与总结难免会出现一定的偏差。因此，在模型指标提炼工作等关键环节上，必须由咨询顾问和企业内部人员来共同完成。这些环节通常采用研讨会或问卷等形式。此外，胜任力模型的真正使用者是企业内部人员，企业管理人员亲自参与指标提炼工作，也有助于他们准确把握各项胜任素质的含义。

最后，要注意项目风险点和应对措施。项目中会存在哪些风险点？需要采取什么措施来规避这些风险？一旦这些风险点出现，该如何应对？任何事情都有可能打乱计划，有一些情况是能够预测到的，还有一些情况是很难预测的。如果事先制订了周密的计划，一旦风险出现，就可以削弱它们的影响，也可以使那些未预见到的事件对项目造成的影响做到最小化。在制订计划时，需要考虑在项目实施过程中哪些方面最有可能出现变化：

（1）时间（受其他更重要的事情影响）；

（2）控制（利害关系人的影响，以及其他与此相冲突的目标）；

（3）权力与政治（正式和非正式组织的影响，组织的政策与流程）；

（4）资源（人和资金是否到位）；

（5）阻力（来源于目标冲突，满足现状）；

（6）技能（人们完成高标准工作的能力）。

要评估以上问题的发生概率和影响，应优先考虑大概率会发生和影响较大的问题，并研究采取什么样的措施来解决它们。例如，在高管访谈时，经常可能出现的情况是，高管临时被安排了会议或其他重要事项，这时就需要调整访谈时间，或者采取视频或电话访谈的形式来进行。

2. 最重要的是要明确为谁构建胜任力模型

在胜任力模型项目中，最重要的不是如何构建胜任力模型，而是要明确为哪些人构建胜任力模型，这与企业所处发展阶段、人员规模、组织结构、管理成熟度等密切相关。

有一些企业的规模比较大，有几百个岗位，如果每个岗位都要建一个胜任力模型，工作量就太大了。

按岗位构建胜任力模型，不仅是工作量的问题，应用起来也非常麻烦，所以笔者不建议按岗位来建模，除非关键岗位，一般岗位可以分层级或分序列来构建胜任力模型。

1955 年，罗伯特·李·卡茨（Robert L.Katz）在美国《哈佛商业评论》上发表了"高效管理者的三大技能"一文，文中指出，有效的管理者应当具备三种基本技能：技术性技能（Technical Skills）、人际性技能（Human Skills）和概念性技能（Conceptual Skills）。三种技能在不同管理层级中的要求不同：从较低管理层级到较高管理层级，技术性技能的重要性逐渐递减，概念性技能的重要性逐渐增加，人际性技能对不同管理层级的重要性区别并不十分明显，但相较而言，它对较高管理层级更重要一些。2011 年，美国管理大师拉姆·查兰（Ram Charan）在《领导梯队》一书中提出了领导力发展的六个阶段，每个阶段的领导力要求都有所不同。

基于这两个理论，结合管理实践，笔者认为在一个组织中，不同层级的人负责不同难度的工作，对他们的能力要求是有差异的（如表 3.2 所示）。因此，分层级建模，就是将企业的岗位分为高层、中层、基层不同的层级，如总监级、经理级、主管级等，每个层级构建一套模型。分层级建模突出了不同层级之间的差异性，适用于管理岗位或内部岗位轮换频繁、差异性小的企业。

表 3.2　各个层级的能力要求差异

	高层	中层	基层
角色定位	战略层，战略制定者、决策者，把握企业发展方向	战术层，战略承接者、团队建设者，起承上启下作用	技术层，自我管理者、业绩贡献者、具体问题解决者
能力要求	战略思维 决策能力 变革创新 建章立制 文化塑造	统筹规划 经营意识 跨部门协同 影响他人 团队建设	推动执行 解决问题 沟通协调 团队协作 学习能力
素质要求	事业激情 开放包容 诚信正直	勇担重任 追求卓越	自我驱动

与分层级建模相对应的是分序列建模，就是对岗位进行归类，划分成多个条线，如生产序列、营销序列等，每个序列构建一套模型。分序列建模突出的是不同岗位序列之间的差异性，适用于专业技术岗位。

1916 年，法国管理学家亨利·法约尔（Henri Fayol）通过对企业活动进行研究，将企业活动分为技术活动、商业活动、财务活动、安全活动、会计活动、管理活动。其中，管理活动又划分为计划、组织、指挥、协调、控制。同时，法约尔提出了职能型组织结构，将管理工作按不同职能进行了横向划分。不同的岗位由于分工不同、承担的职责不同，对能力的要求也有比较大的差异。

为了便于大家理解，我们将不同的岗位分为三大类，即前端、中端、后端，这三类岗位能力要求上的差异性如表 3.3 所示。

表 3.3　不同岗位序列的能力要求差异

	前端（离客户近）	中端	后端（离客户远）
岗位举例	销售、市场、客户服务	生产、采购、供应链、研发、风险管控	职能管控部门，如财务、行政、人力资源、法务、审计、信息技术等
承担角色	需求响应者 市场开拓者	风险把控者 业务支持者	资源配置者 服务提供者
能力要求	市场意识 结果导向 人际沟通	风险管控 执行推动 高效协同	统筹规划 资源配置 换位思考

当然，也可以将分层级建模和分序列建模结合起来，采用"$N+X$"的建模方式，从而有效避免以上两种方式的不足。N是指不同层级、不同序列、不同岗位需要共同具备的能力要求，X是指不同层级、不同序列、不同岗位特定的能力要求，体现的是不同层级的特殊性和差异性。$N+X$既可以按层级分，也可以按序列分，还可以既按层级分又按序列分。

如图 3.3 所示，某地产企业构建的胜任力模型体系涵盖高层、中层、基层、员工四个层级，更新条线、市场条线、开发条线、服务条线、职能条线五大序列。大家一致认为 $N+X$ 的模型体系很好。笔者认为这种结构的体系性比较强，既兼顾了共性又考虑了个性，但是构建难度相对较大，要考虑横向各个条线划分的颗粒度，既不宜分得过细，也不宜分得太粗。有的企业一个部门划分一个条线，这样的模型体系会非常复杂，应用起来也比较难落地。

适合单独建模的关键岗位主要是如图 3.4 所示的几类：一是对企业战略影响大、为企业创造核心价值的岗位；二是绩效波动性较大的岗位；三是岗位人数较多且可替代程度较低的岗位；四是依赖企业自行培养人才的岗位。

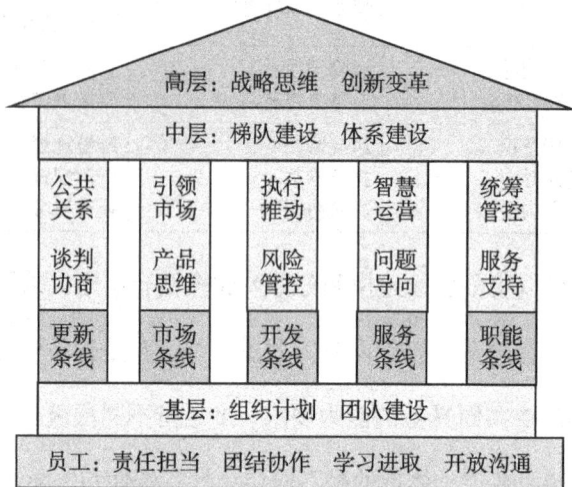

图 3.3　某地产企业分层级分序列胜任力模型体系

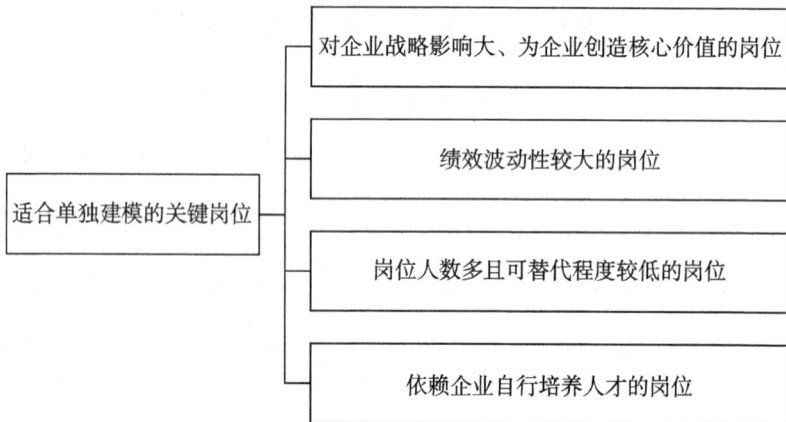

图 3.4　适合单独构建胜任力模型的关键岗位

很多高速发展的企业从关键层级（如中层管理人员）或关键岗位（如营销岗位）开始建模，而一些高新技术企业则从核心技术岗位（如设计师、工程师、产品经理）开始建模。如果关键岗位较多，则选择人数较多的岗位。例如，华为就为研发人员和销售人员分别构建了胜任力模型。

总的来说，胜任力模型体系有五种划分形式（如图 3.5 所示）。企业选择哪种形式，要依据企业的组织结构、管理精细化程度、岗位差异性大小等因素来决定。企业还要对职位进行职类职种划分，寻找联系员工、部门和团队的绩效与企业战略目标实现之间的接口和落脚点，以此来确立员工胜任力模型的基本框架。

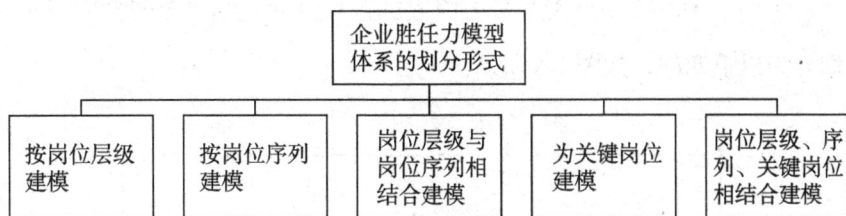

图 3.5　企业胜任力模型体系的划分形式

3. 构建胜任力模型的四种方法

胜任力模型的基本构建方法只有两种：一是归纳法，二是演绎法。

归纳法是指通过访谈调研，甄别目标群体中高绩效者与一般绩效者在工作中表现出的不同特质，挖掘并归纳出实现绩效优异所需要的个人素质，进而形成胜任力模型。麦克利兰就是利用这种技术进行建模的。归纳法主要包括工作情境分析、行为事件访谈、焦点小组访谈、问卷调研、模型编码、数据统计分析等。

演绎法是指按逻辑推理，从企业核心价值观和战略目标等因素推导出目标群体所需要的素质特点，对这些素质进行整理加工后形成胜任力模型。演绎法主要包括战略文化演绎分析、高管访谈、头脑风暴、专家小组讨论、对标分析等。

归纳法主要是基于优秀人员的共性特征进行建模，比较适合技术、技能型人才；演绎法主要是基于企业未来的发展要求进行建模，比较适合中高层管理岗位。因此，很多时候人们会将两者方法结合起来使用。

基于此，笔者按照效率和效果两个维度，将胜任力模型的具体构建方法划分为以下四种，如图 3.6 所示。

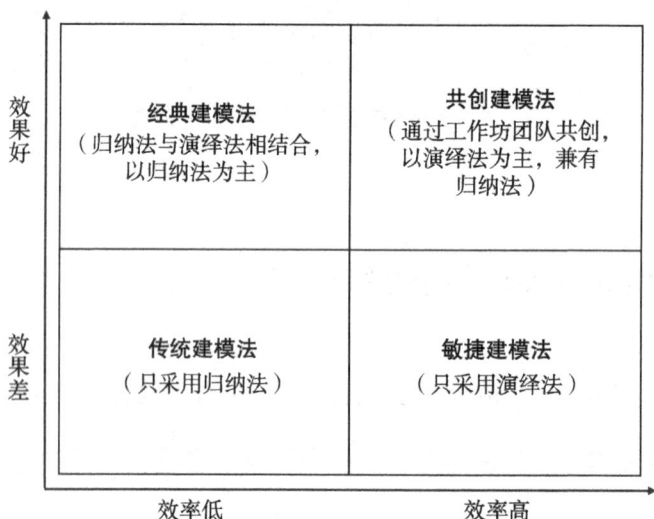

图 3.6　按效率和效果划分的四种建模方法

　　传统建模法采用归纳法，期间包含大量的行为事件访谈、问卷调研、数据分析，因此工作量比较大，时间周期长，一些传统咨询培训机构、高校等学术机构在开展研究时比较喜欢采用这一类方法。

　　经典建模法则将归纳法与演绎法相结合，既立足现状，又展望未来。当企业需要建立胜任力模型体系（多序列多层级）时，经典建模法具有叠加效应。

　　敏捷建模法本质上是一种演绎的方法，一般利用咨询公司成熟的胜任力词典库，通过简单的管理人员访谈和工作分析，梳理对目标人群的能力要求。敏捷建模法的效率较高，但较为依赖咨询顾问的经验积累、能力素质词典的质量和丰富性，产出的成果具备通用性，缺少企业特色。市面上常见的卡片式建模就属于敏捷建模法范畴。

　　共创建模法以战略文化为导向，通过行为学习促动技术的引导，由建模对象自己来完成胜任力模型的构建工作，从而促成企业内部对人才标准达成共识，加深员工对企业战略与自身职责的理解。共创建模法在确保效果的同时兼顾了效率，适合构建关键岗位和关键层级（如营销总监、中层管理者等）的胜任力模型。

　　这几种建模方法在建模时间、建模技术、适用情境、内部参与度、员工认可度、模型特色性、战略支持性和成果落地性等方面的具体差异，如表 3.4 所示。

表 3.4　四种胜任力模型构建方法的比较

	传统建模法	经典建模法	共创建模法	敏捷建模法
建模时间	3 个月甚至更长	3 个月甚至更长	3~4 周	1~2 周或 2~3 天
建模技术	行为事件访谈、行为编码、数据统计	行为事件访谈、行为编码、数据统计、战略演绎、工作分析	少量访谈、建模工作坊、能力素质词典	简单访谈、小组研讨、能力素质词典
适用情境	专业技术岗位的胜任力模型	多序列、多层级胜任力模型体系	关键岗位、关键层级胜任力模型	某一次评价或盘点工作的评价模型
内部参与度	较低 90% 的工作由顾问完成	较低 80% 的工作由顾问完成	深度参与 50% 以上的参与度	参与不深 只参与挑选指标
员工认可度	低	中等	高	低
模型特色性	较难有企业特色	有一定企业特色	非常有企业特色	缺乏企业特色
战略支撑性	低	中等	强	一般
成果落地性	不确定	不确定	强	一般

　　一些咨询公司在帮助企业构建胜任力模型时，习惯的做法是分别访谈绩优人员和绩差人员，通过对比这两个群体的差异性来提取素质指标。这种方法从理论上来说是可行的，麦克利兰最初也是采用了这种方法。但是在实际工作中，它并不是很好的方法，理由如下。

　　（1）它要求有 30 个以上的样本量，而很多企业往往很难满足这样的条件。越是高级别的岗位，其人数越少，中高层的岗位基本上都只有一个人，即使在一个层级中，要想找到 30 个以上的绩优人员，至少要有 150人的规模，对于规模不大的企业来说很难达到这个要求。即使部分企业有足够的访谈样本，也需要大量的人力、财力和物力支持。从企业投入与回报的角度来说，这种方法可能不会令人感到满意。

（2）很多企业的绩效考核体系不是很完善，很难区分出绩效优秀群体和绩效普通群体。这在选取正确的访谈对象及在不同群体间进行比较等方面难以保证客观性、准确性。

（3）对于管理人员来说，绩效优秀除了源于自身的能力较强以外，还受外界因素，如宏观经济形势、企业品牌、上级指导等方面的影响。绩优的人不一定胜任素质强，绩差的人也不一定胜任素质低。

（4）目前有关胜任力模型的资料非常丰富，特别是咨询机构，它们有着非常成熟的胜任力词典库，现在进行模型构建已不是零基础，所以没必要将绩优人员与绩差人员进行差异性对比。

（5）对绩差人员的访谈难度非常大，大多数人都不喜欢向别人描述自己失败的事情，因此很难通过访谈来挖掘出有效的行为事件。

（6）绩优人员与绩差人员的对比，只能归纳出现有优秀人员的共性特征，而没有关注到基于企业战略和文化基础的未来对人才的素质要求。

总之，企业采用何种建模方法，要根据构建胜任力模型的目的、成果呈现形式、项目周期、费用预算、企业规模、资源等条件等进行选择。

4. 不要陷入过度精确化的误区

有一家企业的绩效薪酬总监认为，胜任力模型太主观了，如追求卓越，管理者怎么判断他有没有上进心？员工说自己的上进心很强，管理者却无法拿出证据来证实或伪证。于是，笔者与他展开了一场对话，如表3.5所示。

表3.5　关于胜任力模型主观性与客观性的对话

人物	对话内容
绩效薪酬总监	我觉得胜任力模型太主观了，如追求卓越，你怎么判断员工有没有上进心？员工说自己的上进心很强啊，但是我们无法拿出证据来证实或伪证
笔者	请问什么方法是客观的
绩效薪酬总监	我觉得绩效考核就是客观的，用结果说话，实实在在
笔者	绩效考核也不见得就是绝对客观的，不信你随便举个例子
绩效薪酬总监	绩效当然是客观的，如我们公司某位销售人员的绩效考核指标400万元，这就是非常客观的
笔者	为什么是400万元，而不是380万元或420万元
绩效薪酬总监	这个是根据公司确定的30%的增长率目标来定的
笔者	为什么定30%的增长率，而不是28%或32%？这个目标是主观还是客观
绩效薪酬总监	嗯……照你这么说，确实也有主观的成份

主观与客观只是一个相对概念，没有绝对的客观。只要我们尽量把胜任力模型做到行为化，它就是可以实现客观评价的。

需要注意的是，在进行行为化描述时，既要具体化，又不宜过分量化。有些企业由于对胜任力认识不清，在建立胜任力模型时，为了便于应用，一味追求量化结果，导致最终陷入了过度精确化的误区。

要想在每一个特质、每一个等级上都列举恰当的典型行为是非常难的。因为行为可以举例，但永远不可能穷尽。由于怕定义得不够清楚，很多人会费力琢磨，最后往往成了玩文字游戏。

尽管胜任力模型有较高的应用价值，但胜任力并不是人才标准的全貌。事实上，最好的办法就是在实践中发现、选拔、培养未来的管理者，也就是说用一个长期进行的模糊评价代替短期进行的精确评价，因为人的能力是无法用精确的刻度来衡量的。

正因如此，德鲁克在《21 世纪的管理挑战》中指出，21 世纪最大的管理挑战就在于，传统的以西方为代表的管理模式已经在对知识工作者的管理上遭遇了瓶颈，过于强调分析、量化、逻辑、系统的管理方式，与人的特征，特别是知识工作者的特征是不吻合的，东方文化强调人是不确定、不完善的、含蓄委婉的，这更符合人性的特点。

5. 获取利害关系人的支持，防止内卷

即使胜任力模型有助于企业实现战略目标，但是在启动胜任力模型项目之前，管理者还需要说服组织中的其他人，告诉他们构建胜任力模型的时机已经成熟，并且势在必行。获得那些掌握决策权的领导的支持，这一点与模型构建工作同样重要，也同样具有挑战性。还有一些人，虽然他们不掌握决策权，但持续合作与善意对于项目的成功至关重要，启动胜任力模型也需要获得他们的支持。

因此，管理者需要找出影响胜任力模型项目的利害关系人，包括参与决策的人，以及那些将会受到决策影响的人。项目可能会使某些人受益，

也可能会对某些人造成负面影响，还可能会给某些人带来不便，列出你能想到的这几类人，且他们可能会包括团队中的哪些成员。一旦确定了主要的利害关系人以及预期能从他们那儿得到的支持程度，就需要把注意力放在那些可能反对胜任力模型项目的利害关系人身上。首先要做的是确定人们是因为哪些顾虑才反对使用胜任力模型的，然后妥善调整计划，以便直接消除他们的这些顾虑。

为什么那些利害关系人会有顾虑呢？原因如下。

（1）没有清楚阐明使用胜任力模型的目标

如果人们对如何使用胜任力模型缺乏了解，或者不清楚它能解决什么样的业务问题，他们就会对你的方案产生怀疑。如果模型是被用于绩效评估、薪酬体系建设或者是继任者计划，则很可能会导致人心惶惶、谣言四起。

如果你能证明胜任力模型可以直接满足某种业务需要，并能促进实际工作中人事决策与人才发展战略的制定，那么人们便会支持项目的开展。有效沟通是一种消除反对情绪并获得支持的有效方法，如通过汇报会、项目启动会、电子邮件、通知、内部新闻等方式，使各层级的员工都能了解项目目的及其进展情况，从而使得预期的障碍减少甚至不会出现。

（2）人们没有参与此模型的构建过程

人们往往会对自己参与创立的项目给予支持，如果利害关系人没有参与项目的构建过程，他们就不太可能对项目的实施持合作态度。只有当他们的问题和需要得到充分解决后，他们才会对一项革新投入时间和精力。

解决这一问题最简单的办法，就是像对待外部客户一样对待利害关系人。花时间了解他们的需要，并让他们参与到决策制定的过程中来。在阐明业务需要、项目实施、检验胜任力模型等环节，让尽可能多的利害关系人参与进来，听取他们的意见并动员他们说服其他人。有时在帮忙说服其他人的过程中，他们也有可能会转变成为真正的支持者。

（3）人们担心要在直接下属、领导或其他人面前表现出不同的行为

大多数人天生不喜欢变化。当人们想到周围环境和自身都不得不做出改变时，他们往往会表现得很不情愿。胜任力模型的实施有时会被看成是对现状的一种威胁，或是暗含着要求人们去改变现有的行为方式。

解决这种问题的一个办法是，让人们把胜任力模型的实施当成一个机遇，事实上它也的确是一个机遇。胜任力模型有效地界定了职位对员工胜任力的要求，它能帮助员工了解组织对自己的期望是什么，如何发展自己的强项，以及需要通过关注工作中的哪些要素来获得成功。要让员工将胜任力模型看成是他们实现自身发展和取得成功的助手，而不要将它视作用于负面评估的工具，或是迫使人们做出改变的武器。

（4）人们担心如果使用了胜任力模型，那么他们在聘用、培训及评估员工时，选择权就会受到限制或需要做更多的工作

胜任力模型不是一套固定的模式，而是指南针——为管理者寻找人才提供线索，明确哪些行为需要培养和鼓励，协助判断哪些培训与开发项目会对员工产生帮助。对那些担心自主权会受到威胁的员工，最好的办法就是告诉他们，胜任力模型是一个工具，可以帮助他们把工作做得更好，并

有助于他们向其他人传达组织重要的东西是什么。因此，胜任力模型绝对不是要替代个人做出判断及制定决策，而是对其起到协助作用。尤其在有些情况下，组织对员工的期望会有变化，这时胜任力模型通过明确组织对每个人的期望，能够大大减少员工的恐惧感。

（5）构建胜任力模型是浪费时间、人力和资金

由于人力资源项目仅仅会带来一些"模糊"的结果，因此很多人会认为，实施胜任力模型项目所需要的时间、人力及资金都是没有价值的。

对于这类反对意见，你应该阐述胜任力模型能够满足的业务需要以及可能带来的具体收益，如用于招聘则可以降低员工流失率，用于培训则可以帮助员工提高工作效率。同时，你可以举出同行中类似的典型事例来说明胜任力模型的作用。

（6）外部环境在不断变化，为什么还要花费力气去构建胜任力模型

为了参与竞争，组织所需的根本性变化——对市场需要做出迅速的反应、改变决策制定的方式等——是不容易很快实现的。胜任力模型关注的不是具体的、一时的变化，而是全球市场和企业文化中根本性的变化。

例如，在过去的十年中，一个主要的变化是管理结构日益扁平化，越来越多的人成为决策者，越来越多的人在团队和小组中作为平等的个体开展工作。"以客户为中心"的理念日益加强，管理者要求员工不仅要行使其单独职责，而且要对整个工作流程负责。因此，不管未来会发生什么样的变化，传统的上下级关系都将逐步不再是主流了。

也可以说，胜任力模型寻求的是在任何环境中获得成功都需要的胜任

力，当然在顺境或逆境中它有不同的表现形式。

（7）组织内部的差别太大，不可能就胜任力模型达成一致

不同的工作理所当然需要任职者具备不同的能力，有人认为胜任力模型似乎是要把这些不同的人装到同样的模子里。

这是一种"只见树木不见森林"的看法。如果管理者只考虑不同职位的差异，就会忽略职位之间的共同点，而这些共同点正是组织获得成功的基础。那种关注隐含联系而不是具体差异的全局性考察对管理者才是有帮助的。这是因为，它明确了研发专家和销售代表均需具备的本质特点。同时，胜任力模型有助于明确企业文化和价值观。

（8）战略规划与企业文化不明确，构建不出胜任力模型

任正非说，（企业）方向要大致正确，组织必须充满活力。因此，只要企业战略方向大体清晰，就可以构建胜任力模型，不一定非要有成形的战略规划报告，有许多民营企业的战略并没有形成书面材料，而是装在管理者的脑袋里。同样，有没有成形的企业文化大纲也不重要，任何一家企业都是有企业文化的，企业文化就体现在员工的日常行为中，构建胜任力模型并不仅是看那些文字版的核心价值观。

第4章

如何设计胜任力模型的呈现形式

1. 胜任力模型的四种呈现形式

形式即内容，模型的呈现形式对模型本身至关重要。因此，在决定采取什么样的胜任力模型构建方法之前，管理者要先确定胜任力模型的呈现形式。

胜任力模型发展至今，由于构建方法、应用范围不同，从而形成了不同的呈现形式。完整的胜任力模型应该包含模型结构、指标名称、指标定义、指标维度、行为描述等几个部分，如图 4.1 所示。

```
        ┌──────────────────┐
        │  完整胜任力模型的  │
        │    组成部分       │
        └──────────────────┘
    ┌──────┬──────┬──────┬──────┐
┌──────┐┌──────┐┌──────┐┌──────┐┌──────┐
│模型结构││指标名称││指标定义││指标维度││行为描述│
└──────┘└──────┘└──────┘└──────┘└──────┘
```

图 4.1　完整胜任力模型的组成部分

（1）模型结构

模型结构就是将模型的指标进行归类，即对模型进行一种结构化表达。例如，有的企业将指标分为管理自我、管理他人、管理任务、管理战略等。模型结构就像一张能力素质的"地图"，它可以帮助我们一目了然地看到自己要达到高绩效应当努力的方向和重点。一个好的模型结构能够使模型体现企业特色，更加易懂、易记。

（2）指标名称

指标名称对胜任力模型非常重要，指标名称取得不恰当，会使人们对指标的理解产生歧义，一个好的指标名称能使模型得到更好的宣传和推广应用。判断指标名称好坏的标准主要包括四个方面：一是能准确概括指标的内涵，不会产生歧义；二是能够体现企业和岗位特色；三是名称通俗易懂，容易理解和记忆；四是指标名称的结构比较统一，如都是动宾结构或主谓结构。

（3）指标定义

指标定义是对指标内涵进行详细、准确的说明。指标定义要求准确地表达指标的内涵，且要与指标名称、维度相互呼应，保持一致；同时要简洁明了、通俗易懂，让人们一看就能明白指标的内涵。

（4）指标维度

指标维度又叫二级指标，是在指标之下构成一个指标完整内涵的几个要素。如果说指标是分子，那么维度就是原子，不同的原子构成不同的分子。如沟通能力是一个指标，它可以分为沟通意识、倾听反馈、有效表达、人际洞察四个维度。设置指标维度的目的，就是为了更加清晰、具体地把胜任力指标的内涵呈现出来。每个指标的数量一般有 2~5 个；如果只有一个维度，维度就等于指标，则没有必要设置两个名称。维度应该具备以下特点：在同一个指标里，各维度之间必须是相对独立的，在意义上没有重叠和交叉；各维度结合在一起，必须能全面反映该指标的内涵和意义。

（5）行为描述

行为描述有多种不同的表现形式，最简单的胜任力模型只有指标定义而没有行为描述；有的胜任力模型只是呈现关键行为；有的胜任力模型则是对行为描述进行分级呈现；有的胜任力模型不只将行为分级，还将指标划分为知识、技能、素质等，也就是采用 KSAO 结构。由此实践中形成了不同流派的胜任力模型。

按照模型各要素的完整与复杂程度，笔者将胜任力模型大致分为如表 4.1 所示的四种呈现形式，分别是简单定义式、行为分级式、关键行为式、KSAO 式。每种呈现形式的适合情形与应用范围有所不同，其中以行为分级式模型和关键行为式模型这两大流派最为常见。

表 4.1　胜任力模型的四种呈现形式

评价要素	简单定义式	行为分级式 （经典）	关键行为式 （经典）	KSAO 式（复杂）
模型结构	√	√	√	√
指标名称	√	√	√	√
指标定义	√	√	√	√

（续表）

评价要素	简单定义式	行为分级式 （经典）	关键行为式 （经典）	KSAO 式（复杂）
行为描述	无	分 3~5 个行为等级	不分等级，3~5 个平级的行为描述	指标分为知识、技能、才能、个性特征四个类别，每个指标分 3~4 个行为等级
适合情形	管理粗放	介于精细化与粗放式管理之间		管理精细
应用范围	外部招聘 企业文化	以外部招聘、继任者计划为主 以人才培养、绩效管理为辅		全方位应用

企业应根据内部管理的精细化程度、应用范围选择胜任力模型的呈现形式。如果企业内部的精细化管理程度高，则建议采用 KSAO 式；如果企业的内部精细化管理程度低、追求快速迭代，则建议采用简单定义式；介于两者之间的企业，则可以采用行为分级式或关键行为式。

2. 简单定义式胜任力模型

简单定义式的胜任力模型比较常见。因为这些模型通常通俗易懂、语言具备企业文化特色，所以许多公司的董事长、CEO 经常会总结提炼出这样的模型。例如，链家公司、贝壳找房网创始人左晖将对人才的要求总结为以下十点：自以为弱、自立感恩、做到再说、直言有讳、关注自身、承认先进、管理"野心"、坚韧扛事、抽象能力、格局较大（如表 4.2 所示）。胜任力模型本质上是胜任力思维的体现。

表 4.2　链家公司、贝壳找房网创始人左晖对人才的十大要求

序号	指标名称	具体内容
1	自以为弱	凡是自认为"能干"的经纪人，都是自私的经纪人；凡是自私的经纪人，都是不跟人合作的经纪人。只有比较弱的人才需要别人帮助，需要别人帮助的人，才会主动帮助别人
2	自立感恩	别觉得别人帮你是应该的，别把自己当新人看。别人凭什么帮你？每个人都有自己的工作，帮你是额外的。因为认识到别人帮你是额外的，你才会感恩。你感恩了，那个人才能得到正向激励
3	做到再说	尽量说做得到的事情，不要去说想做的事情。因为你说多了之后，组织会产生一种错觉，就好像你已经做了。你还会发现，很多人去年就在说同样的话，今年还是一样，但其实组织并没有发生任何变化
4	直言有讳	有些时候做业务的人的沟通方式很直接。在这种情况下，要注意沟通的忌讳
5	关注自身	关注自身而不是竞争对手，不要去打击别人、诋毁别人，而是要让自己变强
6	承认先进	真正强的团队都能做到三件事情：承认先进、学习先进和赶超先进。尤其是第一件事，如果做不到，后面两件事就不会发生
7	管理"野心"	"狠狠地成功"这种状态是需要管理的。你不能不管不顾，不能不在意别人的感受，不能完全那么自我。你需要照顾到别人的感受，然后再实现个人抱负
8	坚韧扛事	看这个人的韧性是不是足够强或者是不是能扛得了事，并不难。如一个人每天早晨睡到 9 点，另一个人每天早晨 6 点钟起床，那么 6 点钟起床的人可能会更坚韧一些
9	抽象能力	你自己干得是挺好的，但你要能把这件事情说清楚，能高度抽象、提炼、总结出来，能够做到一只脚在行业里面，另一只脚在行业外面
10	格局较大	能超出自己所处的位置来看问题。能做 CEO 的人一定要比较有格局，没那么自我，不会把自己的利益放得很重。这样大家才能背靠背地合作，或者说你这个人才值得被信任

阿里巴巴合伙人彭蕾曾讲述阿里巴巴快速识别优秀人才的标准，标准只有四条，那就是聪明、皮实、乐观、自省（如表 4.3 所示），这种人才胜任力标准判断模式自然属于简单定义式。

表 4.3　阿里巴巴快速识别优秀人才的四大标准

序号	指标名称	具体内容
1	聪明	从硬性方面来说你的智商要过得去，你的专业能力一定要有"两把刷子"；从软性方面来说，是指你的情商，你要以开放的心态走进别人的内心去感同身受
2	皮实	不仅是指经得起折腾和摔打，还指经得起别人的崇拜和追捧。真正的皮实是不管受到赞扬还是羞辱，你都知道自己是谁，你内心坚定，外界根本无法伤害你
3	乐观	乐观切忌讳疾忌医；真正的乐观是在充分、客观、理性地了解当下的真实情况之后，仍充满好奇心和乐观向上的精神
4	自省	不做自大的"永远对先生"，每日总结，用团队访谈的形式做绩效面谈，以培养团队的自我反省能力，这对团队非常有价值

上述两个人才胜任力标准判断模式都是简单定义式，指标名称和行为要求也很有企业特色，非常具有参考价值。但是这类模型没有具体的行为描述，在人才管理应用方面相对较难，进行量化评分时标准比较笼统和模糊，在人才招聘选拔和企业文化建设上可以起到框架性的引导作用。

笔者曾帮助一家光纤通信企业开展中高层后备干部选拔培养项目，该公司董事长曾提出对干部的"十大意识"和"十大表率"能力要求，如果要重新构建一套胜任力模型，人力资源部担心很难审批通过，因为他们在此之前也做过一次胜任力模型，结果以失败告终。在看了"十大意识"和"十大表率"的具体内容之后，笔者提出建议：不重新构建胜任力模型，而是把这"十大意识"和"十大表率"当作一个胜任力模型的框架，在此基础上将其中的行为描述进行细化和优化。最后，这一模型得到了该企业高层管理者的审批通过。

存在即合理。简单定义式胜任力模型尽管不完全符合胜任力模型的要素（如没有明确的行为描述），但具有一定的价值，在某些时候可以作为胜任力模型的一种特殊存在。

3. 行为分级式胜任力模型

行为分级式胜任力模型是由美国心理学家、合益创始人史班瑟博士提出的。

行为分级是将指标按不同的行为模式分为几个等级。一般而言，一个指标分为三四级较为常见，最常见的是三个正向行为等级、一个负向行为等级，分别对应日常评分时的优良中差四个等级。也可以划分为五个行为等级，即四个正向行为等级、一个负向行为等级，每一个行为等级对应五分制中的一个分值。

例如，某互联网金融企业中层胜任力模型划分为四个行为等级，即一个负向行为等级、三个正向行为等级，具体内容如表 4.4 所示。

表 4.4　某互联网金融企业胜任力模型指标示例

指标名称	领导思维
指标定义	跳出本位，全面、系统地考虑决策与行动对组织整体及其他部分的影响，始终以大局为重，以促进各部门的协同发展和整体效益的不断提升
行为等级	**行为描述**
负向	本位主义，只从本部门或本岗位出发考虑问题，思想狭隘、目光短浅，对问题看法单一
一	站高一层看问题，不会一味追求本部门的突出业绩，视部门资源为组织资源，保持共享心态

（续表）

行为等级	行为描述
二	明确本部门与流程链上相关部门之间的依存关系，站在合作部门的角度考虑问题，积极增进与合作方的相互合作
三	站在全局的高度，以组织目标和利益为统领，优化配置和整合各部门资源，确保整体效益最大化

华润集团的领导力模型划分为四个行为等级，四个都是正向的行为等级，无负向行为等级，具体内容如表 4.5 所示。

表 4.5　华润集团领导力模型指标示例

指标名称	正直诚信	
指标定义	做人坦诚，敢于讲真话，处事公正，坚持原则，为公司利益，不畏权威	
行为等级	关键词	行为描述
一	遵守规则坦率真诚	• 遵循组织规则，做事规范 • 坦率真诚，说真话，说实话，少有顾虑，能当面主动分享信息、观点和评价
二	处事公正诚实可信	• 待人处事公平公正 • 言行一致，遵守对他人的承诺
三	直面冲突坚持原则	• 面对冲突和分歧时，不回避矛盾，敢于表明并坚持个人观点，能够客观公正地做出决策 • 面对利益诱惑时，坚守职业操守，不为所动
四	不畏权威犯颜直谏	• 为公司整体或长远利益考虑，即使可能危及个人利益或面临权威的巨大压力，仍敢于提出和坚持个人的不同意见 • 当上级言行失当，可能危害组织的利益或违背组织的原则时，敢于直谏

阿里巴巴的领导力模型（“六脉神剑”）有五个行为等级，如表 4.6 所示。

表 4.6　阿里巴巴"六脉神剑"指标示例

指标名称	诚信
指标定义	诚实正真，言行坦荡
行为等级	**行为描述**
一	尊重他人，随时随地维护阿里巴巴的形象
二	微笑面对投诉和受到的委屈，积极主动地在工作中为客户解决问题
三	在与客户交流的过程中，即使不是自己的责任，也不推诿
四	站在客户的立场思考问题，在坚持原则的基础上，使客户和公司都满意
五	具有超前服务意识，能够防患于未然

无论是四个行为等级，还是五个行为等级，其内在逻辑都是一样的，只是等级划分越多，技术难度就越大。

行为等级的描述不能使用"不能""能够""善于""非常""比较"等程度副词，行为等级之间必须要有明显的递进关系，用明确清晰的行为模型将其描述出来，且行为等级越高，其对高绩效的支撑作用就越强。

有的咨询机构为了更好地区分行为等级之间的递进关系，还会用一个关键词来概括每个行为等级，这样更加简洁明了、便于宣传和记忆（如表4.7所示）。

表 4.7　某互联网企业中层胜任力模型指标示例

指标名称	梯队建设	
指标定义	根据组织需要系统性地进行人才梯队规划，引进、培养符合业务发展需要的优秀人才，建立好的文化氛围，为优秀人才的成长提供一个良好的平台	
行为等级	**关键词**	**行为描述**
一	用人不当	缺乏人才梯队建设的意识，不能科学配置团队，不能用人所长，团队氛围较差，人员流失率高
二	人岗匹配	根据团队成员特点合理配置团队，将合适的人放在合适的岗位上，用人所长，使团队保持稳定健康的状态

（续表）

行为等级	关键词	行为描述
三	激发潜能	帮助下属进行职业发展规划，并给予持续性的资源支持，充分激发其潜能和士气，使人才获得快速成长，团队业绩获得较大提升
四	梯队规划	根据业务发展需要进行人才的整体规划，搭建科学的人才结构，对关键岗位制订继任者计划，为公司和其他部门输送优秀人才

　　除了纵向的行为等级以外，横向还有维度，它是将胜任力指标细化解构为多个支撑指标涵义的二级指标。维度和行为等级分别从横向和纵向两个维度对模型指标进行细分，形成了一个比较复杂的行为矩阵。某科技制造企业胜任力模型指标示例如表 4.8 所示。

表 4.8　某科技制造企业胜任力模型指标示例

指标名称	客户导向		
指标定义	以内外部客户为中心，始终关注并理解内外部客户需求，把满足内外部客户需求作为工作开展的目标和方向，与内外部客户建立长期稳定的关系		
行为等级	关键词	维度一：需求把握 关注并理解客户需求	维度二：问题解决 为客户提供优质服务，解决问题
一	不关心客户不能满足客户需求	不关心、不理解客户的需求，不从客户的角度来思考问题，不愿意倾听客户的心声	对客户需求的响应不及时，或者不能满足客户的需求，不能解决客户问题
二	关注客户感受快速响应需求	关注客户的感受，积极倾听客户的反馈意见，能够站在客户的角度思考问题	快速响应客户需求，主动、热情地为客户提供相应的产品和服务
三	挖掘个性需求满足客户期望	与客户产生情感共鸣，根据客户痛点挖掘背后深层次的个性化需求，能够分析出客户的真实需求	根据客户的个性化需求，不吝惜时间和精力，为客户提供针对性的解决方案，满足客户期望
四	引导潜在需求超越客户期望	以客户为中心来思考问题，预测并管理客户期望，挖掘客户的潜在需求，引导客户需求，使客户成为长期的合作伙伴	不断对产品和服务进行更新迭代，引领并保持良好的客户体验，超越客户期望

维度以 2~4 个为宜，最多不超过 5 个。这些维度是高频使用的，相对独立且没有重叠和交叉，各维度相结合能全面反映该指标的内涵。一般岗位的任职者要具备良好的沟通能力，要有好的沟通意识、良好的沟通技巧，还要善于倾听他人的看法，因此沟通能力可以分解为三个维度，即沟通意识、沟通技巧、倾听他人。但是，对沟通能力要求较高的岗位如销售，任职者仅具有这三个维度的能力是不够的，还需要具备良好的察言观色能力，因此行为等级中就需要增加"人际洞察"这一维度。

4.关键行为式胜任力模型

关键行为式胜任力模型是罗明格提出的一种模型呈现形式，这种形式的模型注重能力发展。

DDI 胜任力词典也属于关键行为式流派。从表 4.9 中可以看到，关键行为式胜任力模型是将模型拆分为多个维度，每个维度有 1~2 个关键行为描述。维度的逻辑大多按该行为的先后顺序进行梳理。

表 4.9　DDI 胜任力词典库中的指标示例

指标名称	建立成功团队
指标定义	采取恰当的方法和灵活的人际互动风格，协助建立一个高凝聚力的团队，促进团队目标的达成
关键行为	
建立方向	• 确立团队目的与重要性（如团队有明确的纲领或使命宣言） • 引导团队设定明确且可衡量的团队目标

关键行为	
发展团队的组织结构	• 协助阐明团队成员的角色与职责 • 确保团队内必要的领导、审核或支持功能到位
促进目标的达成	• 提出适当的程序或流程建议，以协助团队达成目标或执行职能 • 提供必要的资源或帮助，协助团队克服障碍、达成目标
鼓励他人参与	• 倾听并邀请团队成员参与决策过程 • 重视并善用个人的差异与专长
告知团队成员	• 与团队成员分享重要或相关的信息
身先士卒	• 坚持团队的期望与原则 • 履行团队责任 • 坚守个人对团队的承诺

关键行为式胜任力模型又可以细分为三种形式。

第一种形式是按行为动作发生的先后顺序梳理关键行为，如某物流企业领导力模型（如表 4.10 所示）。这种模型的好处就是构建起来比较简单，并与实际工作中的行动关联性较强，指标拆解起来比较容易，应用起来也很方便，可以有针对性地进行人为干预与辅导。

表 4.10　某物流企业领导力模型指标示例

指标名称	二级指标	行为描述
战略制定	审视当前业务	• 审视当前业务，判断业务取舍
	把握发展趋势	• 以全局和未来的眼光看问题，考虑企业未来的发展方向
	关注新机会	• 关注新兴业务发展，为企业探索新的商业机会
	分析竞争对手	• 显示对竞争对手的优势、弱点和战略的深刻洞察
	制定二级战略	• 制定差异化的二级战略，以赢得并保持企业在行业内的竞争优势
	投资于未来	• 识别资源投放在哪里会对商业成功产生最大影响

（续表）

指标名称	二级指标	行为描述
引领变革	寻找改革契机	• 从市场变化、客户反馈、财务表现、内部流程中发现变革契机
	定义改革目标	• 将变革分解为具体的阶段目标，并确定关键绩效指标以使组织能够评估变革措施的有效性
	确定变革计划	• 制定变革措施的实施时间表，集中力量达成这些目标
	化解变革阻力	• 提供必要的资源，如新技术和培训帮助他人适应变革，奖励积极响应的变革者
	贯穿变革勇气	• 展现变革魄力，为推进变革放弃短期利益

第二种形式是区分正面行为和负面行为，并且罗列出很多条具体的行为，龙湖地产公司的胜任力模型采用的便是这种形式（如表4.11所示）。这种模型形式的好处是行为涵盖全面，能够考虑到多种不同场景下行为的可能性。

第三种形式是只罗列出3~5条关键行为，不区分正面行为和负面行为，行为之间也不按照先后顺序排列，这种模型的形式比较简单，逻辑性并不强。某汽车企业胜任力模型指标示例如表4.12所示。

关键行为式胜任力模型和行为分级式胜任力模型的底层逻辑是相通的。例如，在采用胜任力模型进行评价时，行为分级式模型中每个等级都有一个不同的分值，而关键行为式模型的每个行为均按1分来打分，达到则计1分，没达到则计0分，因此，多条行为分数相加，可以形成不同的分值，且有多种组合。因此，从这个角度看，关键行为式模型在模型构建与应用方面更加灵活简便。

表 4.11　龙湖地产中层管理者胜任力模型指标示例

指标名称	系统性分析及解决问题	
素质定义	善于发现事物的内在规律，系统管理影响事物的众多因素；敏锐发现及预防问题；运用常识；组织、管理资源解决问题；平衡时间、成本、质量之间的关系；把控目标实现和解决问题过程中"长与短""快与慢""大与小""理想与现实"的关系；善于"拐大弯""软着陆"；达成高标准的、可持续的结果	
正面行为	• 先决定该不该做、该做什么，然后考虑如何做 • 关注关键细节，注重从小事的本质中发现大问题的苗头 • 以全局、大局为出发点平衡工作的主次及目的 • 解决问题时充分考虑潜在及长期风险，并提前准备应对方案 • 在多种可能原因中挖掘关键及根本原因，并优先解决关键及根本问题 • 建立制度、系统时，力求简单实用 • 用制度化方式避免同一问题重复发生 • 对典型问题的解决进行总结归纳，形成组织的知识积累 • 用"拧螺丝"的原理来平衡处理各种问题 • 在分析后、决策前，用常识进行辅助评估判断 • 面对危急事件，及时、迅速制定对策 • 面对复杂情况，迅速归纳相关信息，能够简化问题 • 善于提出利于启发思考的问题 • 在组织内积极运用推广系统分析问题的工具和方法 • 做出判断或解决问题时，注重时效性与有效性的平衡	负面行为	• 只解决了问题，但由于没有建立系统，导致同一问题重复发生 • 迷失于分析中而忽略了常识及基本规范、基本程序 • 不注重方向的正确性，而把精力都花在了如何把错误的事情做好上 • 心存侥幸，为迅速解决问题或节省成本而忽略长期风险 • 创造没必要或低价值的工作，把自己搞得很忙 • 解决了一个问题，却产生了一系列的新问题 • 不及时行动，延误解决问题的最佳时机 • 在信息数据难以获得时就失去了决策力 • 制定缺乏可操作性的系统、方案 • 按照理想情况设计工作流程和计划 • 把"长跑"当作"短跑"，一时逞强却失去了长远规划 • 求快求大却忽视了品质、基础和细节 • 为了简化而忽略风险

表 4.12　某汽车企业胜任力模型指标示例

指标名称	勤学有识
指标定义	主动采取各种措施学习新知识和新技能（如时代新特征、行业新变化、政策改革信息、兄弟企业和跨行业的成功经验等），并积极应用于各类业务问题的解决和工作实践中，营造良好的学习氛围
关键行为	• 始终保持一种知识恐慌、本领恐慌、业务恐慌的紧迫感，将学习变成习惯和责任 • 努力学习新经济时代的特征，掌握汽车行业新的趋势变化，学习兄弟企业和其他行业的成功经验，注重自身知识内容的储备、知识结构的优化 • 把研究和解决工作难题、技术问题作为学习的根本出发点，结合具体工作情况，创造性地开展工作 • 在团队中自觉营造良好的学习氛围，带领团队推进技术创新、管理创新

5. KSAO 式胜任力模型

KSAO 模型是美国学者哈维（Harvey）于 1991 年提出来的，他将胜任力定义为能区分高绩效和一般绩效的知识（knowledge）、技能（skill）、才能（ability）和其他的个性特征（others），如表 4.13 所示。KSAO 模型和冰山模型、洋葱模型的内在逻辑是一脉相承的，可以起到相互补充的作用。需要说明的是，很多人把 KSAO 中的 A 当作态度来对待，这是一个很大的误区。

KSAO 式胜任力模型的主要价值在于，一是将"冰山"以上的知识、技能与"冰山"以下的才能、个性特征结合起来，也就是将任职资格和胜任力模型两种工具进行了有机结合，这使得模型在招聘选拔、培训与员工发展、绩效薪酬等方面均有较为全面的应用；二是明确区分了可培养和不可培养的素质项，无论对于招聘选拔，还是培训与员工发展，都能给予清晰的指引。正因如此，这种形式的模型更多地应用在学习地图的构建过程中，而且更偏向于专业技术人员的学习地图，因为学习地图最终会落实到培训实施环节，必须要区分知识、技能、才能、个性特征这几部分，而才能和个性特征难以改变。

表 4.13　KSAO 模型的构成

分类	构成	定义	培养难度
"冰山"以上	知识（knowledge）	执行某项工作任务需要的具体信息，这种信息通常通过正规的学校教育、在职培训或工作实践积累获得	★★
	技能（skill）	在工作中运用某种工具或操作某种设备的熟练程度。这种技能可以通过正规的课堂学习获得，也可以在工作实践中通过非正规的方式获得，如操作电脑、机械设备，进行 SWOT 分析等	★★★
"冰山"上下都有	才能（ability）	包括智力、空间感、反应速度、耐久力等方面的内容。才能一般通过测试来衡量，测试结果表明员工是否具备执行某一任务所需的具体才能以及这些才能的大小	★★★★
"冰山"以下	其他个性特征（others）	有效完成某一项工作需要的其他个性特征。它包括对任职者的绩效技能要求、工作态度、人格个性及其他特征要求等，能够反映某人开展工作与其他人执行这一工作有何不同，例如，应变能力和创新能力	★★★★★

　　KSAO 式胜任力模型的构建逻辑与前面几种形式有所不同，通常从工作分析开始，通过梳理该岗位的典型工作任务，包括工作成果要求、关键挑战等，继而梳理出要完成这些典型工作任务所需具备的知识、技能、才能与个性特征。某企业高层领导 KSAO 式胜任力模型示例如表 4.14 所示。

表 4.14　某企业高层领导 KSAO 式胜任力模型示例

序号	典型工作任务	知识	技能	才能	个性特征
1	推动战略落地	• 战略管理知识	• 战略解码	• 战略思维	• 事业激情
2	提升组织能力	• 组织发展知识 • 变革管理知识	• 组织与人才盘点	• 领导变革	
3	提升经营效益	• 经营管理知识	• 年度经营计划制定 • 经营数据分析	• 商业洞察	
4	促进内部协同			• 影响协同	• 全局意识
5	应对突发事件	• 风险管理知识	• 风险分析及处置	• 风险意识	• 灵活应变

KSAO 式胜任力模型将每个指标划分为五个等级，等级的划分逻辑与任职资格相同，因此可以将每个等级套入相应的岗位级别上。KSAO 式胜任力模型指标等级划分示例如表 4.15 所示。

表 4.15　KSAO 式胜任力模型指标等级划分示例

	级别	说明
1	初入级	开始担任这项工作时具备的基本能力
2	熟练级	能够独立承担这项工作的能力
3	精通级	达到专业级水平，能够采用创新方法来解决问题
4	教练级	不仅自己具备这项能力，而且能够辅导、指导他人
5	卓越级	能够从事开创性、创新性的课题研究

才能和个性特征指标的分级与行为分级式胜任力模型相同，在此不做介绍，只展示知识与技能类的指标示例（如表 4.16 所示）。

表 4.16　某企业高层领导 KSAO 式胜任力模型指标示例

级别	战略管理知识（K）	战略解码（S）
初入级	了解公司所处发展阶段、未来战略方向及目标	能准确向员工解读企业所处发展阶段、未来战略方向及目标
熟练级	了解战略管理的一般概念与基础理论知识	基于对企业战略的理解，制订本部门的年度经营计划
精通级	熟悉战略管理的基础概念，了解战略分析的相关工具	分析企业战略目标与实施路径，制定本部门的职能战略规划
教练级	掌握 SWOT、BCG 矩阵、五力模型等战略分析工具	熟练应用 SWOT、BCG 矩阵、五力模型等工具，制定企业战略
卓越级	掌握行业与竞争对手的最新战略思想与动态	基于战略分析确定企业总体战略规划，提出差异化的战略路径

由此可以看出，KSAO 结构胜任力模型非常细致，构建起来技术难度较大，需要管理者花费较多的时间和精力。

第 5 章

如何选择适合企业特点的胜任力模型

1. 传统建模与经典建模的异同

所谓传统建模，是指麦克利兰最开始采用的方法，即通过大量的行为事件访谈、行为编码、数据统计分析来完成模型的构建。传统建模过程大致分为如图 5.1 所示的五大步骤。

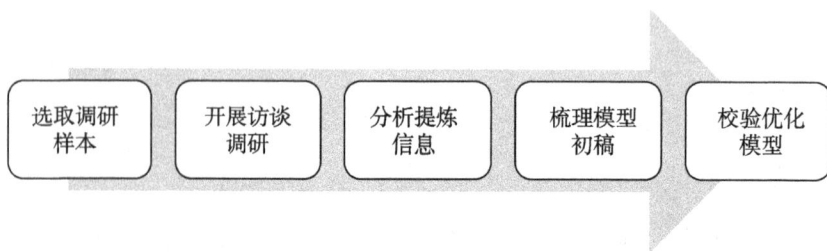

| 选取调研样本 | 开展访谈调研 | 分析提炼信息 | 梳理模型初稿 | 校验优化模型 |

图 5.1　传统建模的五大步骤

（1）选取调研样本

首先要确定优秀绩效（如工作产出与结果）是什么样的，通过确定哪些人达到、超过或低于组织的期望,来划定信息收集的范围。

为保证收集到的信息有用且具有代表性,根据岗位要求,在从事该岗位工作的绩效优秀的员工中从抽取一定数量的员工进行调研。

（2）开展访谈调研

访谈调研一方面是为构建胜任力模型提供信息输入,另一方面是为了让内部员工参与进来,使其更容易接受模型成果,从而更好地推广应用模型。

常用的访谈调研方法有行为事件访谈法、焦点小组法、问卷调查法、资料分析法、对标分析法和观察法等,一般以行为事件访谈法为主。

高质量的访谈调研将为下一步分析提炼信息提供保障,因此要创造舒适开放的环境,提出开放型的问题,让被访谈者多讲话,并通过询问经历和例证来追问细节,避免诱导被采访者,以完整地获得被采访者的看法。

访谈有一对一访谈与焦点小组访谈两种形式,它们各有优劣势,如表5.1 所示。

表 5.1 一对一访谈和焦点小组访谈对比

	一对一访谈	焦点小组访谈
优势	• 可以获得更多行为事例的细节 • 减少被访谈者对保密性问题的担忧	• 可以收集更多的想法,效率很高 • 小组讨论产生的活力可以帮助访谈者获得一些丰富的甚至是意想不到的信息
劣势	• 需要花费大量的时间,成本很高	• 需要一位有经验的访谈组织者 • 在同事面前,被访谈者也许不能开诚布公地表达观点 • 收集到的信息不够深入详细

（3）分析提炼信息

分析提炼信息是胜任力模型构建过程中的关键技术环节，工作量相对较大，主要包括以下三个步骤。

①将访谈录音全部转换成访谈文字记录。

②将被采访者所做出的体现具体技能、知识和个性特点的行为事件梳理出来，从行为事件中提炼出关键行为，根据胜任力词典将行为归纳提炼为胜任力指标，这个过程也叫作行为编码。某企业行为编码示例如表 5.2 所示。

表 5.2　某企业行为编码示例

	访谈内容	关键行为提炼	指标梳理
背景	客户反馈一个非常重要的产品出现了概率很小的质量问题，时效很低，客户威胁我们如果再出现问题就断货。这个产品很重要，第一次开会讨论的时候，参加的人非常多，从高层到具体完成这件事的员工都参与了，收集的信息非常杂乱		
任务	总经理要求我不惜任何代价分析和解决这个问题，但产品不是我做的，产品很老，原来研制这个产品的人都已经离开了		
行为	我重新挑选核心骨干、部门经理，换一个组织方式来划分层次：一是核心分析团队，二是业务专家，三是后段版图专家，形成核心团队	组织内部相关资源来达成工作目标	组织协调
	我们一个月都没有休息，做了很多实验，不像刚开始那样盲目去做，而是有目的地去做。我们白天做自己的事情，晚上再分析数据，找到芯片出现的大致原因，找到卡片出现的问题，只在模块这边研究还不能解决问题	投入工作以外的时间和精力来完成工作	敬业负责
	我们非常坚决地要在终端上解决问题，既要顶住高层压力，又不能跟客户讲的特别清楚，我们只能想方设法通过终端建立拦截手段，压力非常大，当时负责这部分工作的经理晚上睡不着觉，每天加班加点，想尽一切办法测试稳定性	冷静面对内外部的压力，按科学规律推进工作，不被压力打乱阵脚	压力承受

（续表）

	访谈内容	关键行为提炼	指标梳理
结果	花了两三个月的时间，稳住客户，改变生产环境，设备被生产出来，印证时效，界定更准确的位置。通过这件事情积累了技术，也开发了新的契机，客户设备要扩产，我趁机把设备加了进去。刚开始的时候，我也没信心完成，最终通过努力向客户提供了八套产品	有经营意向，挖掘产生盈利点的商机	经营导向

③对这些指标的频数与频次进行统计分析。频数就是访谈中涉及这个行为的人数；频次就是访谈中涉及这个行为的次数（有的人可能体现多次）。

（4）梳理模型初稿

梳理模型初稿的过程包括以下三个步骤：

①根据胜任力指标出现的频数与频次，对指标进行取舍、合并，形成胜任力指标；

②与外部其他企业相应岗位的胜任力模型进行对比；

③对胜任力指标进行归类，梳理出模型的初步结构。

（5）校验优化模型

在胜任力模型初稿完成之后，要通过各种方法对模型进行校验，去除那些与有效性不相关的指标，对指标名称和行为描述进行优化完善，最后完成模型构建。

①对胜任力模型初稿进行小组研讨、问卷校验，根据收集的意见和建议对模型进行修改完善。

②召开胜任力模型内部评审会，对胜任力模型终稿进行确认。

不管采用什么方法，构建胜任力模型基本上都包括以上几个环节，只不过采用不同的建模方法，在这四个环节上所花的时间与精力不同。这其中主要的技术难点在行为事件访谈、行为事件编码、模型初稿提炼上。

经典建模的流程与传统建模有很多相似性，但二者也有较大的区别，主要区别表现在如表 5.3 所示的三个方面。

表 5.3　传统建模与经典建模差异性对比

环节	传统建模	经典建模
访谈调研	• 以开展绩优人员的行为事件访谈为主	• 除绩优人员访谈，还进行很多高管访谈和资料收集，如查询公司年度工作总结、公司战略规划、企业文化大纲等，主要目的是了解公司的经营情况、战略规划、业务痛点和企业文化等信息
分析提炼	• 以行为编码为主	• 除了进行行为编码，还会进行战略文化演绎分析，即从公司的未来发展推导出对现有人才有哪些方面的素质要求
模型初稿	• 根据行为编码统计出来的数据分析结果选取胜任力指标	• 不只是根据行为编码统计出来的数据分析选取胜任力指标，还是根据战略文化演绎分析结果来选择指标，最终形成胜任力模型的初稿

也就是说，传统建模更多的是基于现有优秀人才的共性特征形成胜任力模型，而经典建模是通过优秀人才的共性特征与公司战略、文化要求相结合的方式形成胜任力模型。

经典建模以战略文化为导向，以实证调研为基础，综合运用多种方法，逻辑严谨，但是所需花费的时间与费用成本也非常高，适用于人员规模大、业务复杂度高的企业。

2. 敏捷建模与共创建模的对比

在传统建模与经典建模的过程中，之所以需要花费大量时间进行访谈和资料分析，是因为建模者对建模岗位的了解并不多。如果建模者对建模岗位的理解非常深入，如他就是建模对象的上级或本岗位的任职者，那么在这种情况下，是不是不需要访谈调研，或者可以减少访谈调研的工作量呢？

这是可以的。敏捷建模便是由此应运而生。如果企业对模型的个性化和精细化程度要求不那么高，而对模型构建的效率要求非常高时，敏捷建模就是一个不错的选择。例如，某公司要发展一项新业务，但很多岗位都需要从外部招聘人才，这时管理者就不宜把大量时间花在对模型的精雕细琢上，而应当采用敏捷建模，为招聘工作节省时间。

按照所花费的时间和精力从少到多的顺序，笔者将敏捷建模的方法分为专家法、问卷调研法、头脑风暴法、访谈法、卡片法等几种方法，如图5.2 所示。

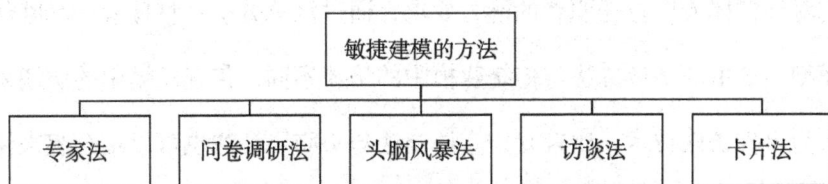

图 5.2　敏捷建模的方法

专家法，是指建模专家根据自己对建模岗位的理解，直接提出一个胜任力模型。专家法最为敏捷，最短可在一两个小时甚至半小时内得出成果，但由于没有进行调研、数据分析，模型质量受建模人本身的总结归纳能力、对岗位理解深入度等的影响较大。

问卷调研法，其实是专家法与问卷调研相结合的一种方法，也就是先通过专家法提出一个模型初稿，通过问卷调研法收集大家的反馈意见后进行优化。问卷调研法的好处是覆盖面广泛，可以收集更多的意见；有数据分析结果作为依据，逻辑性更强。

头脑风暴法，也叫研讨法，是指把对建模岗位比较熟悉的管理者、专家或建模对象代表召集起来，大家通过研讨的方法，构建出一套胜任力模型。如果一次研讨不够，则可以组织开展多次研讨。一般半天、一两天就可以完成模型的构建。头脑风暴法没有十分严格的会议流程和规则，但是比专家法要科学一些，至少收集了很多人的意见。但是由于头脑风暴法的流程、规则比较随意，很多有价值的声音可能会被掩盖住。专家法和头脑风暴法结合起来使用效果会更好，也就是先通过专家法提出一个模型初稿，然后利用头脑风暴法进行研讨优化。

访谈法就是分别访谈建模对象绩优代表或建模对象的上司，直接询问他们对该群体或岗位任职者的能力要求，通过汇总分析，整理成一套胜任力模型。这里的访谈方法与传统建模中的访谈不同，传统建模中的访谈采用行为事件访谈技术，比较复杂。访谈法与头脑风暴法也可以结合起来使用，先通过访谈构建模型初稿，再利用头脑风暴法进行优化。

卡片法就是利用咨询公司成熟的胜任力词典库（俗称模型卡片），让建模者根据自己对建模岗位的理解，从中挑选出合适的胜任力指标。由于这种方法有了成熟的胜任力词典库作为参考，因此它构建出来的成果质量有保障，但是也会受词典库中指标的限制而缺少个性化。卡片法也可以与访谈法、问卷调研法、头脑风暴法结合起来使用，先做访谈，访谈时让访谈对象挑选模型卡片，然后通过头脑风暴法研讨，研讨时可以将胜任力词典库作为参考，最后利用问卷调研法对模型初稿进行校验和优化。在使用卡片法时，专家的引导和输入非常重要，专家通常由外部咨询顾问或内部人才管理专家担任。专家在建模前最好对建模岗位有一定的理解，研读了公司及岗位相关资料。利用卡片法，通常在一周内就可以完成胜任力模型的构建工作。

有一些测评机构喜欢采用测评法来构建胜任力模型，测评建模法就是利用心理测验工具对建模对象进行测评，将得分较低的指标纳入胜任力模型指标。这种方法有一个前提，就是所测的指标比较全面，能够涵盖各个方面，否则，如果建模对象所需要的能力项没有测，模型质量就难以保证。另外，这种方法把建模对象的短板作为模型指标，这个逻辑是站不住脚的。将公司战略发展或岗位所需要的能力指标纳入模型中也是不科学的。

尽管敏捷建模的效率非常高，但是模型的质量却很一般。那么，有没有什么方法既能保障高效率又能保障高质量呢？共创建模就是这样一种多、快、好、省的建模方法。共创建模，也叫行动学习建模、工作坊建模。共创建模的关键环节为"胜任力工作坊"，是在咨询顾问的指导和帮助下，由建模对象自己完成胜任力模型的构建工作。

行动学习工作坊的建模效果好在哪里呢？员工在咨询专家的引导下，通过群策群力产生成果，不知不觉中更加理解了企业的战略和对自身岗位与层级的要求，产出的模型成果也更具行业特色和企业特色。同时，由于员工亲自参与了模型构建工作，因此模型的认可度高，后期宣传推广和应用的效果也更加出众。采用这种形式后，建模的时间大大缩短，通常3~4周就可以产出一个高质量、有特色、能落地的胜任力模型。

有人担心由于建模对象的思维受限，或者建模对象出于保护自己的目的，会把能力要求降低，构建出来的模型质量得不到保证。

有几项措施可以避免出现这样的问题：一是前期进行高管访谈和战略文化资料研读，了解公司战略对建模对象的能力要求；二是在建模过程中将模型卡片作为参考，外部专家则将标杆案例作为引导，对模型质量进行把关；三是有内部专家进行点评反馈，可以保证模型不会跑偏，符合公司战略与文化的要求。在建模工作坊后，建模专家会根据前期的访谈调研，对模型进行优化完善，必要时可以再利用问卷调研、内部专家研讨等方法进行校验。

某企业采用共创建模法完成了中层管理者胜任力模型的构建工作（如图5.3所示）。在工作前期开展了为期一周的访谈调研工作，收集工作坊需要的主题材料、高层管理者意见、建模对象工作成就案例等信息，确保工作坊的设计符合企业实际情况。

在工作坊工作中，共邀约了40名建模对象人员参与研讨。项目组将40名建模对象人员分为四组，在建模专家的引导下进行战略解码与工作分析、胜任力指标提炼、行为描述撰写。董事长到场进行了战略文化解读，三大事业部总经理、部分部门职能中心总经理共六人旁听，并在研讨过程中给予点评和反馈，建模专家则从专业角度进行胜任力模型知识输入和逻辑结构纠偏。通过一天的工作坊研讨，项目组完成了中层胜任力模型初稿。

在工作坊工作后，项目组在建模专家的指导下，对胜任力模型初稿进行优化，其间组织了两次小型研讨会，最终形成了兼具企业特色和专业质量的胜任力模型。

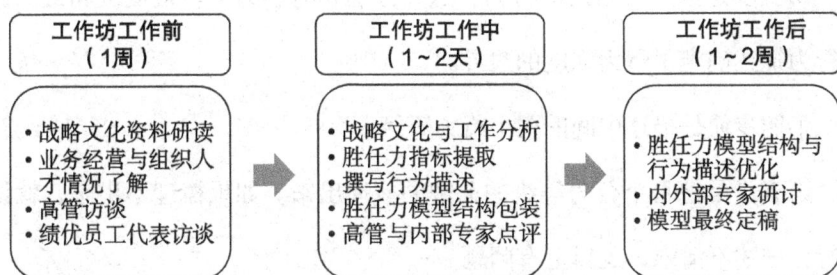

图 5.3　共创建模的流程

3. 快速编写胜任力指标六步法

胜任力模型的一个基本特征就是指标必须用具体的、行为化的语言来描述。胜任力指标行为描述的撰写可以按照如图 5.4 所示的六个步骤进行操作。

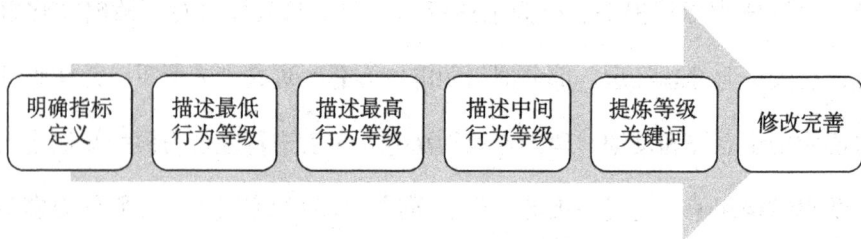

图 5.4　胜任力指标行为描述撰写的六个步骤

第一步是明确指标定义，这是整个指标撰写工作的基础。如果定义不明确，行为描述的边界就会不清晰。

第二步是描述最低级的行为，这部分是最容易写的。

第三步是描述最高级的行为，这部分也相对容易写。最低级和最高级的行为描述确定了行为强度的边界。

第四步便是描述中间的两个行为等级。

第五步是把每个行为等级的关键词梳理出来。如果梳理不出来，就说明行为描述不清晰，逻辑上有问题。

第六步即最后一步是看逻辑顺不顺、表达清不清晰，从总体上进行修改完善。

行为升级的背后往往是难度、复杂度的增加，因此行为等级撰写有以下两种方法。

方法一：行为不发生变化，但是所处环境的困难度递增（如图 5.5所示）。

环境的困难度主要从频率和广度两个方面判断。频率是指行为发生的时间长短与次数。例如，每周看一本书和每月看一本书，就是频率的不同。广度是行为的覆盖与影响范围，如对自己、对他人、对部门、对公司、集团的影响。

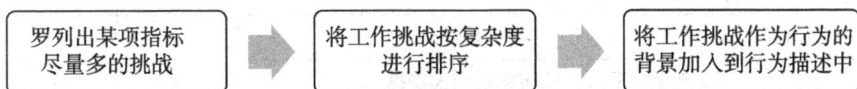

图 5.5　环境困难度递增的撰写方法

方法二：环境不发生变化，行为点困难度递增（如图 5.6 所示）。

行为点困难度主要从程度和强度两个方面撰写。程度是指对某件事情的了解熟悉程度、熟练程度，如问题解决指标，行为等级一是解决一般问题，等级二是解决复杂问题，等级三是解决疑难问题。强度是指行为对绩效结果的影响力度，如对客户需求的把握上，第一级是理解客户需求，第二级是满足客户需求，最高级是引导客户需求。主动的行为等级就是强度的升级。这种方法的思路其实是罗明格流派的关键行为式胜任力模型的思路。

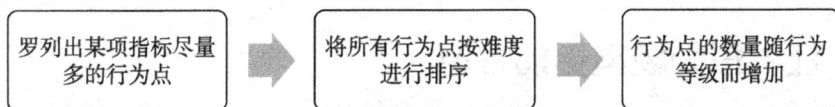

图 5.6　行为点困难度递增的撰写方法

行为等级素材来源于行为事件访谈、内部专家研讨、胜任力词典库三个方面。每项能力在工作或生活中都会有具体的行为表现。

我们以主动性为例，主动性指标行为分级示例如表 5.4 所示。

表 5.4　主动性指标行为分级示例

指标名称	主动性	对应行为	编写顺序
指标定义	在没有被要求的情况下，发现需求并自发采取行动以实现工作目标		1
行为等级	行为描述		
0 分	自己闲着没事，反而要求别人做事	A	2
1 分	等待指令：领导让做什么就做什么，如果没有指令就闲着	B	4
2 分	询问该做什么：员工主动找到领导，询问有什么工作可以做	C	5
3 分	提出建议然后采取相应的行动：员工知道要做什么以后向领导提出可行性建议	D	6
4 分	采取行动同时向领导征求意见：员工知道要做什么，遇到关键问题时征求领导意见	E	7
5 分	自己主动行事然后定期汇报：员工知道要做什么并采取了行动，同时知道定期向领导汇报	F	3

表 5.4 标示出了这几项内容撰写的顺序：先写指标定义，再写 0 分行为等级，然后依次写 1 分、2 分、3 分、4 分、5 分行为等级。

4. 让胜任力模型更加性感

IBM 的郭士纳（Louis Gerstner）在《谁说大象不能跳舞》一书中提到，他发现咨询公司为 IBM 构建的领导力模型指标居然有 11 条，他觉得太多了，无法应用，于是把它们简化为 3 条：力争取胜（focus to win）、快速执行（mobilize to execute）、团队精神（teamwork）。这里也引出了优秀胜任力模型的两个重要特点：简单（simple）和性感（sexey）。

简单是指模型指标的数量要少，并且通俗易懂，这样才能方便记忆、宣传。因此，胜任力模型包含的指标数量有一个黄金法则：7 加减 2。例如，百事集团的领导力模型中的指标为 6 项；GE 对管理者的要求是"4E1P"，指标为 5 项；宝洁公司的领导模型为 5E 模型，指标也是 5 项；万科的领导力模型中的指标为 8 项；华为的领导力模型中原来是 9 项指标，后来变成了 4 项。

性感是指胜任力模型要能够反映企业的战略文化要求，有自己的特色，并能和其他企业的模型区分开。

有人认为，胜任力模型不就是那几个指标吗，每家企业应该都是差不多的。胜任力模型应该具有行业特色和企业特色，处于同一行业的不同企业，由于其战略规划、企业文化、经营策略的差异，即使对人员要求的指标基本相同，不同企业的能力素质的行为方式要求也不可能是完全一致的。因此，可以借鉴其他企业的胜任力模型，但不建议照搬照抄。

例如，在不同的企业中，销售经理的职责会存在较大的差距。在有的企业中，销售经理是一个管理岗位，不仅要做好自己的销售工作，更要管理其他销售人员；而在一些企业中，销售经理只是一名高级的销售人员而已。显然，这两个"销售经理"的能力要求会有巨大的差异。即便同样是管理职位，由于公司的文化不同，对任职者的要求也有差异。如果公司文化中绩效导向较强，制度的执行也比较严格，对管理岗位的"自主性"要求就会较低；反之，则可能很高。因此，照搬照抄能力素质模型的做法是行不通的。

那么，我们应该从哪些方面来保证胜任力模型的特色性，让模型性感起来呢？笔者认为，胜任力模型的特色性主要从以下几个方面来体现，具体如图5.7所示。

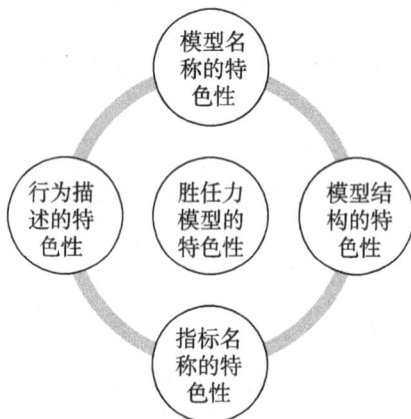

图 5.7　胜任力模型的特色性的四个方面

（1）模型名称的特色性

可以为胜任力模型取一个简单易记、朗朗上口的名字，特别是要与企业的文化、战略等有一定的相关性，富有特殊含义。一些国际知名企业的胜任力模型都有一个响亮的名称，如 IBM 的领导力模型为三环模型；阿里巴巴将其模型命名为"六脉神剑"，具有独特的武侠文化特色。

也可采用一些结构相同、对仗工整的中文词语，如统一为某某力，或统一是动宾结构或主谓结构的词语；还可以统一用英文命名，如首字母相同，或首字母组成一个有特殊意义的单词，如宝洁的领导力模型为5E模型，摩托罗拉公司的领导力模型为"4e's+1E"。

在笔者服务过的一些客户中，某快消企业将销售管理团队（大区经理与省区经理）的胜任力模型命名为"Beat 模型"；某芯片企业将胜任力模型命名为"Dream 模型"；某电力企业将胜任力模型命名为"Star 模型"；某互联网企业将领导力模型命名为"奔跑模型"。

（2）模型结构的特色性

指标与指标组合能形成企业特有的语言、图形，且整个模型的形象设计简单明了，有一定的冲击力，令人印象深刻。例如，笔者服务过的一家人工智能企业叫"同盾科技"，公司的 Logo 是一个盾牌，笔者团队为他们构建的中层管理者胜任力模型的外型就是一个盾牌，模型名称为 SHIELD（盾牌）；笔者为一家航空企业构建的领导力模型的外型是一架飞机。某能源企业的领导力模型被归纳为"一识二性三力"：学识、悟性、韧性、魄力、魅力、定力；某高科技企业的领导力模型被总结为"修身齐家治国平天下"，分别对应"管理自己、管理团队、管理经营、管理战略"。还有一些企业的胜任力模型被设计成帆船（扬帆模型）、罗盘（指南针模型）、蝴蝶（蝶恋模型）、雄鹰（展翅模型）等。

华润的领导力模型的 Logo 是一个众字，三个"人"字构成了一个朝上的箭头形状，体现了积极向上、动态有活力的精神内涵；三个"人"字体现了华润的人力资源核心价值观：尊重人的价值，开发人的潜能，升华人的心灵。一个"众"字体现了华润的领导力不仅是指个人领导力，同时也强调团队领导力、组织领导力。

（3）指标名称的特色性

模型指标的结构相同（如统一为某某力、某某思维）或首字母相同也不失为一种特色，如摩托罗拉领导力模型的五个指标名称为眼力（envision）、魅力（energize）、魄力（edge）、能力（execute）、约束力（ethics）。

也可以用企业内部的一些词语来表达，让员工觉得有亲切感，感觉是专门为他们量身定制的。如上文提到的 Beat 模型，其中的合伙人思维、贴近市场、敢于拍板、冠军心态、捍卫目标，均为企业内部一直倡导的管理理念，是企业内部的特色语言。

此外，还可以赋予词语新的内涵，如笔者给某 B2B 企业构建的销售胜任力模型，指标名称采用了贬义词褒义化的方式，迅速引发了人们的关注，让人印象深刻（如表 5.5 所示）。

表 5.5 某 B2B 企业销售胜任力模型示例

指标名称	定义
见钱眼开	对赚钱有较强的企图心和自驱力
嫌贫爱富	找对的客户
眼高手低	既有目标感又有执行力，能将工作规划有效落地
得寸进尺	不满足于现状，不断挑战高目标

（4）行为描述的特色性

可以采用企业内部经常使用的一些词语或语句作为指标名称，这样更容易让员工理解和接受。例如，在某企业"领导变革"和"战略思维"两个指标的行为描述（如表 5.6 所示）中，壮士断腕、敢啃硬骨头、敢碰硬钉子、建立容错机制、有所为有所不为、聚焦主航道和主战场、突出主业做强实业、产业链协同等都是企业内部经常使用的一些词语。

表 5.6　某企业领导力模型行为描述

指标名称	行为描述举例
领导变革	具有壮士断腕的决心和勇气，敢啃硬骨头，敢碰硬钉子，不受陈规和过去经验的束缚，以公司战略和市场需求为出发点，对产品、组织、流程、制度等进行优化调整，建立容错机制，支持和鼓励创新活动
战略思维	准确预测行业发展趋势，以终局来看布局，有所为有所不为，聚焦主航道和主战场，突出主业做强实业，各业务之间形成产业链协同和组织协同

需要注意的是，胜任力模型不能过于追求企业特色。只要在指标名称、指标定义、行为描述方面与同类型企业不同，就是一种特色，不应一味地追求较大的差异性，否则不易理解，也难以落地，并且在某些特定指标上也无法对外部的候选人进行评价。

5. 胜任力模型怎样才能胜任

胜任力模型是区分绩效优秀员工与绩效一般员工的标准，那么，判断胜任力模型的标准是什么？究竟什么样的模型是好模型？我们该如何验证胜任力模型是好是坏？

由于没有明确的标准，又不像科学研究那样可以花很多时间来检验，很多企业在校验胜任力模型时往往凭自己的感觉，提出了一些如"不能眼前一亮""感觉不太好"等模糊的标准。

要验证胜任力模型好不好，企业可以采用如图 5.8 所示的这些方法来验证。

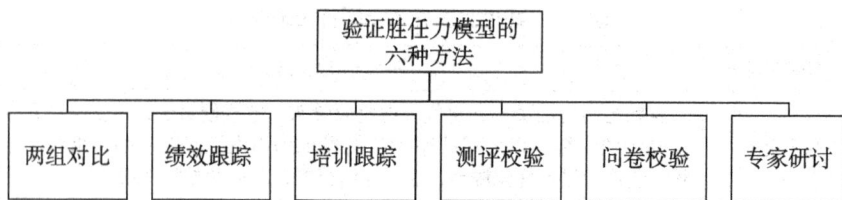

图 5.8 验证胜任力模型的六种方法

（1）两组对比。另选一组相同的样本进行访谈调研，按同样的思路和方法建立新的模型，看这两个模型有哪些差异性。

（2）绩效跟踪。根据构建出来的胜任力模型进行人才管理的选、用、育、留，对其绩效进行跟踪对比，如果绩效发生了较大变化，就说明模型是有效的。

（3）培训跟踪。根据模型进行有针对性的培训，对受训者进行跟踪，了解其工作行为是否发生变化。如果他们的行为能按照模型描述的行为模式发生较大的改变，就说明该模型是好的模型。

（4）测评校验。根据模型匹配评价中心测评工具，或者将模型转化为行为化的 360 度评估问卷，对绩优员工和绩效一般的员工进行对比，如果绩优员工的测评结果要明显好于绩效一般者，就说明模型体现了两者之间的差异性。

（5）问卷校验。发放校验性问卷，向建模对象、公司管理层、内部专家征求意见。

（6）专家研讨。组织建模对象、公司管理层、内部专家进行研讨，对模型提出意见和建议。

前两种方法的可操作性并不强。要在企业内部找到两组相同的样本来建模，是不现实的。可以请另一批专家按同样的思路和方法构建胜任力模型，将两个模型成果进行对比。但是这里仍面临一个问题：还是没办法证明哪个模型更好，只能进行相互验证和补充。

第二种方法通过绩效的变化来判断模型的好坏，从理论上来说是成立的，但模型要产生绩效，与模型的应用、市场环境与内部管理政策的变化等各种因素都有关，而要将这些复杂的因素剔除掉是一件非常困难的事情。

第三种方法相对易操作一些，但也受培训方法的有效性影响。因此，在实际应用过程中，大多数企业往往采用后三种方法来校验模型。其中第四种方法花费的成本、时间较多，因此，实践中又以最后两种方法最为常见。

其实，最后两种方法也带有较大的主观性，不论是研讨还是问卷，大家依据的都是感觉和经验，缺乏科学的标准，从而使得模型校验的有效性大打折扣。笔者根据自己多年构建胜任力模型的经验，总结梳理出了对胜任力模型进行校验的标准（如图 5.9 所示）。

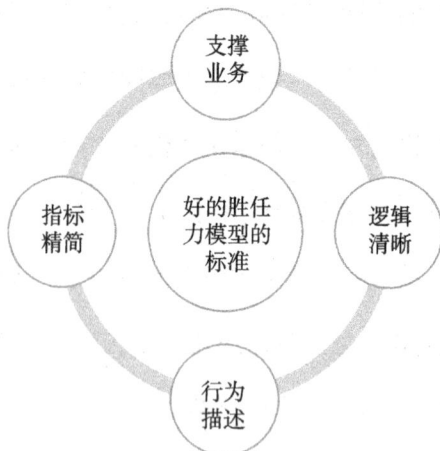

图 5.9　好的胜任力模型的标准

（1）支撑业务。模型应当体现企业的使命、愿景、战略规划、核心价值观等，对企业的战略文化落地产生支撑作用。也就是说，一套好的模型，既要与工作绩效相关，还要与战略文化相适应。特别是中高层级的模型，应体现企业的战略性，基层的模型更多地体现企业文化和价值观。

（2）逻辑清晰。模型的内部结构应当清晰、合理，指标按照一定的逻辑进行组合，指标定义明确、清晰，指标之间没有重叠，维度划分有内在的逻辑联系，行为等级之间有明确的区分性，且容易理解。在维度分解上，这些维度是高频使用的，相对独立，没有重叠和交叉，各维度结合能全面反映该指标的内涵。

（3）行为描述。胜任力模型的一个基本特征是指标必须用具体的、行为化的语言来描述。如果没有采用行为化的语言来描述，这个模型就只能停留在理念层面，落地性较弱，不能起到实质性的作用。

（4）指标精简。胜任力模型呈现出来的指标是支撑企业产生高绩效的核心素质，因此模型指标、维度、行为描述都应当尽量精简，数量不宜过多，描述不要太复杂。如果行为描述过于复杂，就比较难以应用。

下篇

应用胜任力

第6章

胜任力模型适用才行

1. 用于外部招聘：选最合适的人

胜任力模型应用于外部招聘工作时遇到的阻力比应用于其他工作时遇到的阻力要小得多，尤其是相较于绩效薪酬、继任者计划，其更容易实现，因为它不会对管理层的权力和利益造成影响。因此，建议管理者从外部招聘环节开始应用胜任力模型，如果模型应用成功并获得了良好的口碑，则会使胜任力模型在其他领域的应用变得更加容易。

多项研究表明，以胜任力为基础的招聘效应要大于传统的招聘。通过胜任力模型招聘的员工，其在工作中不仅有较为出色的表现，而且有较低的离职率和较高的晋升率。麦克利兰研究表明，使用新建立的胜任力模型作为选拔高层管理人员的标准，可以使公司高层管理人员的离职率从原来的 49% 下降到 6.3%。

对于许多面试官来说，面试就像一场赌博。在和一名候选人交谈几十分钟后，你怎样确定这个人是否真正具备胜任这份工作的能力或潜力，这是一个不小的挑战。

如果能把胜任力模型纳入到外部招聘工作中，面试官就可以准确识别与高绩效密切相关的胜任力，淘汰那些缺乏关键技能、知识或个性特点的候选人，或者是那些不具备发展潜力的候选人，从而把焦点放在那些具有较大潜力的候选人身上。

要实施基于胜任力的招聘体系，除了有一套经过检验的、可以预测工作成果的胜任力模型外，面试官还需要掌握以下几个工具，如图 6.1 所示。

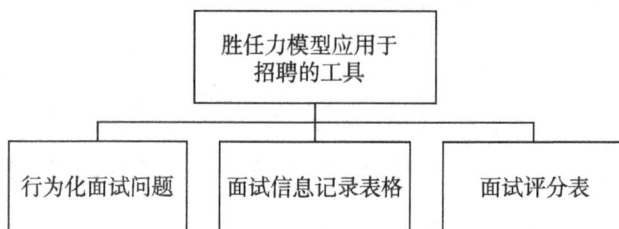

```
                ┌─────────────────┐
                │ 胜任力模型应用于  │
                │    招聘的工具     │
                └────────┬────────┘
          ┌──────────────┼──────────────┐
    ┌───────────┐  ┌──────────────┐  ┌──────────┐
    │ 行为化面试问题 │  │ 面试信息记录表格 │  │ 面试评分表 │
    └───────────┘  └──────────────┘  └──────────┘
```

图 6.1　胜任力模型应用于招聘的工具

（1）一系列的行为化面试问题，可以帮助面试官决定该应聘者是否具备所需能力或具备相关潜能

这些面试问题与胜任力之间不是一种简单的关系，设计这些问题是要鼓励应聘者提供他们当前和过去的工作经历，一个问题可能同时涉及对几种胜任力的考察。此外，使用精心组织的问题有可能使面试官得到关于应聘者的个性特点和性格倾向方面的信息。某企业行为化面试题示例如表 6.1 所示。

表 6.1　某企业行为化面试题示例

考察指标	行为化面试问题参考
自我驱动	• 在近期工作中，最让你有成就感的工作是什么？当时的情况是怎样的 • 在过往工作中，你遇到最紧急或压力最大的一件事是什么？你是如何解决的 • 请介绍一个你主动为自己设立的具有挑战性的目标，你是如何实现这个目标的 • 你曾做过的超出他人对你的要求和期待的一件事是什么
客户导向	• 有些客户需求可能需要你花费大量时间和精力才能了解，请谈谈你这方面的例子 • 当客户要求你提供职责之外的服务时，你是怎么做的？请举一个这方面的例子 • 请谈谈你最近解决的一个别人看起来比较棘手的客户问题，你是如何解决的 • 请谈谈你在建立和维护客户关系方面的经验，并举一个你觉得最成功的的例子
沟通合作	• 当你的意见与团队其他成员不一致时，你会怎么做？请举例说明 • 当领导在不了解事件真实情况下做出一个不利于你的决定时，你是如何解决的？请描述一个类似的工作经历，谈谈你处理的方式及方法 • 当你正在完成一项重要工作时，其他同事又请求你的帮助，请描述一个类似的经历，你当时是如何处理的 • 你有没有遇到过具有较大挑战的跨部门合作的事件，当时的情形如何？你做了什么

（2）面试信息记录表格和面试评分表，可以帮助面试官评估应聘者

面试信息记录表格有助于面试官评定应聘者的相关能力，并引用行为范例来支持他们的评定。此外，人力资源部还需要设计有能力指标的面试评分表，以便面试官根据胜任力模型对应聘者进行评分。某企业管理人员招聘面试评分表如表 6.2 所示。

表 6.2　某企业管理人员招聘面试评分表

应聘者姓名		应聘岗位		面试时间	
指标评价（5 分制）					
1. 综合素质	评分	评价意见（请详细填写）			
拥抱变化					
统筹规划					
影响协同					
团队发展					
2. 专业能力	评分	评价意见（请详细填写）			
3. 岗位适配性	评分	评价意见（请详细填写）			
求职动机					
文化适配性					
面试结论					
□推荐　　　□不推荐　　　□其他					
签名：　　　　　　　日期：					

　　龙湖地产十分重视招聘工作，特别强调价值观的吻合，高层管理者要求地区公司总经理将 30% 的时间用于招聘面试，"仕官生"及 6 级以上员工还要经过董事长吴亚军的面试。在龙湖地产的招聘体系中，胜任力模型起到了十分关键的作用，明确了公司需要寻找具备什么能力和气质的人才，也为面试提问与评分提供了方向指引。

　　龙湖地产的胜任力模型由全员通用素质能力、职能特殊素质、中层管理者素质能力、高层管理者素质能力组成，是一个 $N+X$ 结构的胜任力模型体系，如图 6.2 所示。

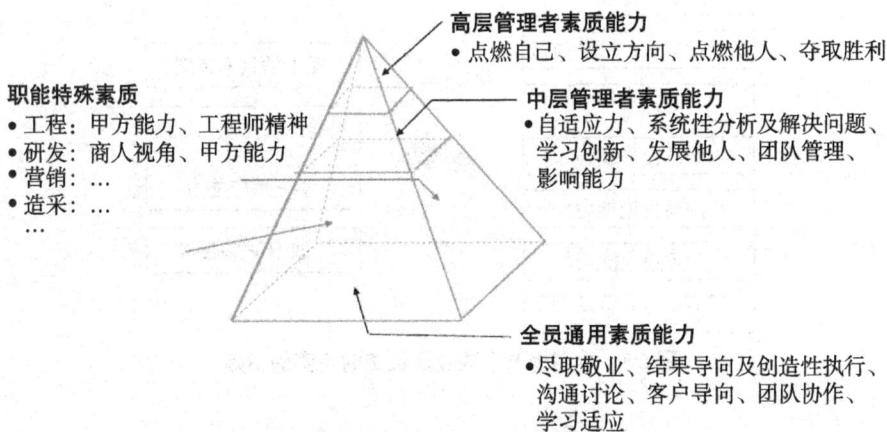

图 6.2 龙湖地产的胜任力模型体系

也就是说，如果招聘一名基层员工或一名应届毕业生，他需要具备的能力素质是 $6+X$，即六项全员通用素质加几项职能专业素质。在招聘面试过程中考察这么多指标是十分困难的，龙湖地产的做法十分智慧，它将这几项胜任力指标浓缩为四项指标：爱干活且有强度、经验的质量及匹配度、学习适应能力、文化适应度（如图 6.3 所示）。

龙湖地产的招聘面试流程也十分完善，包括简历筛选、初试、复试、性格测试、专业笔试和背景调查几个环节。初试、复试时的考察要素为通用素质 + 职能专业素质，并采用行为面试法，企业对每个考察指标都提供了具体详细的面试问题。

正因如此，龙湖地产的招聘效果非常好，吸引了一大批优秀人才，龙湖地产培养出来的人才也成为了其他地产公司争相抢夺的对象，其中"仕官生"的招聘更是成为了行业中的一张"名片"。

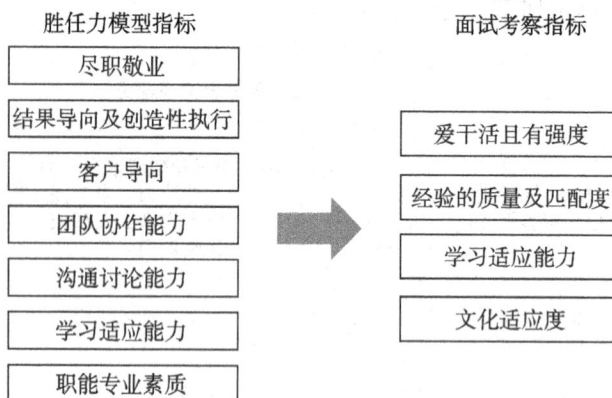

胜任力模型指标　　　　　　　面试考察指标

胜任力模型指标
尽职敬业
结果导向及创造性执行
客户导向
团队协作能力
沟通讨论能力
学习适应能力
职能专业素质

面试考察指标
爱干活且有强度
经验的质量及匹配度
学习适应能力
文化适应度

图 6.3　龙湖地产招聘普通员工时考察的指标

2. 用于内部培训：让培训出效果

除了应用于外部招聘外，胜任力模型用于内部培训也是不错的选择，因为应用的阻力不大。按照学习的黄金圈理论，培训有三大关键问题：一是为什么学，二是学什么，三是怎么学。如果将胜任力模型应用于培训，这三个问题就变得容易解决了。因此，笔者建议从以下几个方面实施基于胜任力模型的培训体系，如图 6.4 所示。

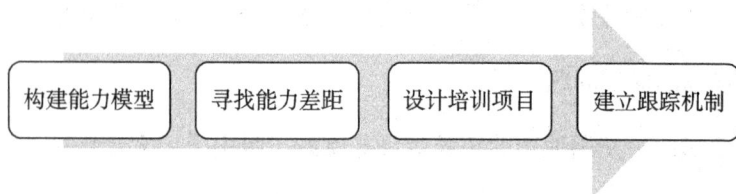

构建能力模型	寻找能力差距	设计培训项目	建立跟踪机制

图 6.4　胜任力模型用于培训的流程

（1）构建能力模型，培训应当培训的能力

从组织角度来说，胜任力模型应将培训的重点放在支持企业战略和文化的技能与行为上。胜任力模型可以把对绩效最有影响的培训项目同那些与员工工作重心没有多大关系的培训项目区别开，从而在决定怎样使用有限资源的时候减少主观臆测，使培训课程集中于那些最能对绩效产生影响的能力上。因此，实施基于胜任力模型的培训体系的第一步是构建一套胜任力模型。

（2）寻找能力差距，培训需要培训的能力

从员工角度来看，胜任力模型有助于确定谁需要何种技能，以及在他们职业生涯的哪个阶段需要这些技能。员工在有需要的时候能获得相应的培训，从而增加相关技能通过工作经历被应用和强化的可能性。和那些不考虑跟目前发展需要或工作要求是否有关联，就按日程安排参加各类培训的方法相比，这种做法更为妥当。因此，实施基于胜任力模型的培训体系的第二步是，依据个人职业发展规划、绩效考核结果及对核心人才的评估，寻找个人的能力差距，然后分析能力差距对绩效带来的影响，并根据业务发展需要确定培训的优先顺序。

（3）设计培训项目，培训较易培训的能力

在一套胜任力模型中，有一些指标是相对难以培养的（如创新能力），更多的需要通过招聘选拔来把关；有一些指标相对容易培养（如沟通能力），可以通过培训来提升。因此，实施基于胜任力模型的培训体系的第三步是，根据优先顺序设计培训项目，匹配培训资源，选择合理的培训形式。

（4）建立跟踪机制，改变能够改变的行为

尽管一个人的内在性格在很大程度上是固定不变的，但是他的行为是可以被改变和指导的。例如，让一个缺乏同情心的人变得会体谅别人是一件很难的事。但是，与同情心相关的行为，如倾听顾客的需求或者消除他们的顾虑，则可以通过培训来提升。经验表明，对培训的持续支持能够有效促进行为的转化，使他们学到的知识能学以致用。但是，如果没有相应的后续支持，他们则很有可能回到原来的状态。因此，实施基于胜任力模型的培训体系的第四步是建立一种支持及后续跟踪机制来保证知识与技能上的差距被消除。

IBM 在三环领导力模型的基础上，针对不同人群开发出了不同的领导力培训项目，不同培训项目对应着领导力模型中的不同指标（如表 6.3 所示）。

表 6.3　IBM 基于领导力模型的培训项目

培训项目	项目简介	对应模型指标
蓝色品位	针对公司价值链条中的外围战略伙伴领导力的培养，重点放在经理人对团队力量的建设上	团队领导力
风眼力量	这是 IBM 对团队决策的真实写照：飓风的威力来自于风眼的动力，正如团队的效力来自于杰出的领导者及团队其他成员的决策	判断与决策力
243 根琴弦	用来解决团队中的冲突：在一架音乐会用的大钢琴中，243 根琴弦在铁制琴架上施加了 40 000 磅的拉力，这证明了巨大的拉力可以产生美妙的"和声"	协作
鸣叫、振翅和换位	我们一定看到过排成人字形的雁群从头上飞过，留下渐渐远去的鸣叫声，那正是我们看到的卓越的领导模式。IBM 以雁群飞行模式来培训经理人分享领导力，领导应该是自由流动的	发展组织能力

　　出于战略需要，某消费品企业新成立了一个商品管理中心，按产品类别建立了多条产品线，每条产品线由一位产品总监负责，他们需要负责对产品立项、研发、供应链、销售、售后服务等全过程的管理。为了提升产品总监的能力，该企业构建了一个简易的胜任力模型，其中共有懂产品、善经营、做协调、建流程、带队伍五个指标，由于这些产品总监都有带团队的经验，因此能力提升培训重点是按照前面四个胜任力指标来匹配学习内容和设计学习项目（如图 6.5 所示）。

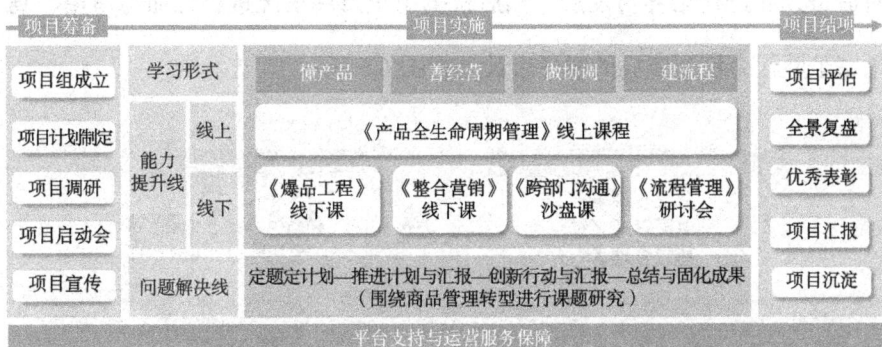

图 6.5　某消费品企业产品总监培养项目框架图

3. 用于继任者计划：培养高潜人才

　　管理者不可能把每个员工都培养成优秀人才，但是管理者可以培养那些选定的、在某些领域有较大潜力的个体。因此，许多组织偏爱从组织内部提拔员工，这种方法有很多优点，如候选人熟悉公司业务、战略、文化，可以快速适应新的岗位。同时，这也是保留人才的一种有效方法，获得晋升的机会对其他员工来说也是一种激励。从企业的角度出发，通过胜任力模型选拔和培养后备干部已经被证明是科学有效的方法之一，当然要实现这一点并不是一件简单的事情。

腾讯的领导管理工作都是围绕一套领导标准来执行的，这个领导标准叫作"帝企鹅模型"。帝企鹅模型应用于干部选拔、发展及考核工作。腾讯现在做的绩效考核不只考核责任结果、绩效结果，同时考核领导力行为和价值观，并基于考核结果识别后备干部，形成继任者计划，有针对性地对后备人才进行培养与发展，然后根据组织发展情况进行任命与留用。腾讯基于胜任力模型建立的继任者计划如图 6.6 所示。

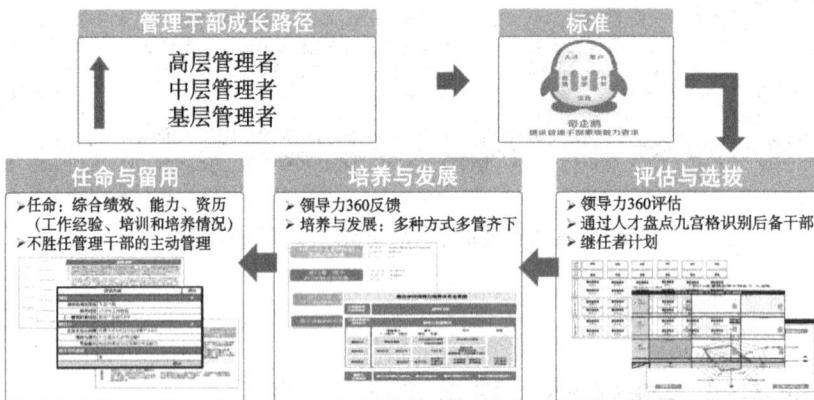

图 6.6　腾讯基于胜任力模型建立的继任者计划

胜任力模型应用于继任者计划的流程如图 6.7 所示。

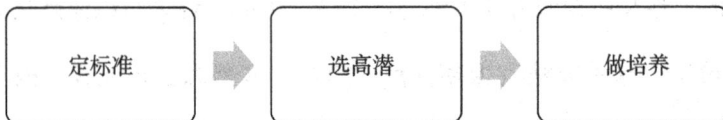

图 6.7　胜任力模型应用于继任者计划的流程

（1）定标准

列出需要实施继任者计划的职位清单，并确定它们对应的胜任力模型，使管理者对每一个职位获得成功所需的素质了然于胸。构建胜任力模型有助于界定担任这个职位的人必须具备的能力，以及有助于准确预测哪些行为表现是成功的，它是继任者计划的基础。可以将胜任力模型与职业发展通道结合起来，为员工提供一个清晰的职业发展路径，明确告诉员工在目前的岗位上通过多长时间的努力，达到什么样的资质和能力水平后，才能够到达更高一级的岗位（解决我要到哪里去的问题）。当员工在考虑未来可能担任的岗位时，他可以对照这些能力来提升自己。

（2）选高潜

有了胜任力模型之后，管理者就需要通过科学的工具来评估候选人的能力，判断他们是否符合继任者计划的要求，以及他们的入选理由，从中选拔出高潜人才进入人才池。要确定一个候选人是否准备好以及何时能够准备好担任某个岗位，就需要用一种方法来评估他们的优劣势。要想满足这种需求，胜任力模型配上测评工具就变得非常有用，它使决策者在讨论候选人是否具备条件时能够将重点放在一系列相关特质和个性特点上，而通过在线素质测评、360 度评估反馈、评价中心等工具可以进一步提高讨论的效果。

（3）做培养

对照胜任力模型的要求，培训部门需要匹配为了弥补这些高潜人才能力不足所需要的培训课程或培养项目，以及需要实施的行动计划。结合职业发展路径和个人发展意向，可以帮助员工制订 IDP（个人发展计划），并为员工提供相应的学习资源支撑，达到把员工"扶上马，送一程"的目的（解决我怎么去的问题），帮助他们了解自身的能力优势和短板，通过指明发展途径和方法，促进能力的提升。个人发展计划可以使员工主动地把企业发展与个人发展联系起来，激发他们的工作积极性和热情，并且能够使员工感受到公司对于人才的重视，在公司内部营造"尊重人才、发展人才"的氛围，有利于吸引和保留优秀人才。

2009 年，在担任中粮集团董事长五年之后，宁高宁提出了"打造全产业链、国际水准粮油食品企业"的战略转型目标。要想实现全产业链战略，需要中粮组建一支能够支持战略实现的经理人队伍。为此，中粮采取了以下做法。

第一步，与咨询公司合作构建了领导力模型。领导力模型由"高境界、强合力、重市场"三个维度共九个要素组成（如图 6.8 所示）。领导力模型明确了全产业链战略对经理人的领导力要求，以此为基础发现和培养中粮战略转型所需要的经理人，为全产业链战略的实现提供人才保障。

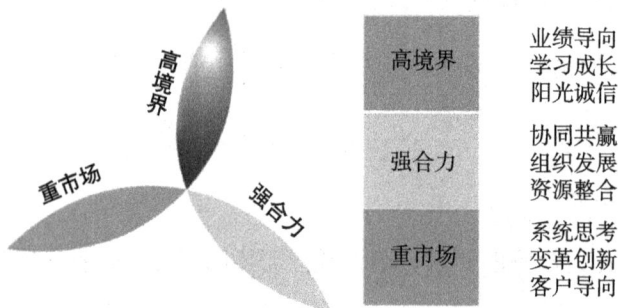

图 6.8　中粮的领导力模型

第二步，建立针对集团经理人的四级领导力培养体系（如图 6.9 所示）。系统的领导力培养体系能够有效提升经理人的领导力，同时激发他们的责任感、使命感和驱动力。

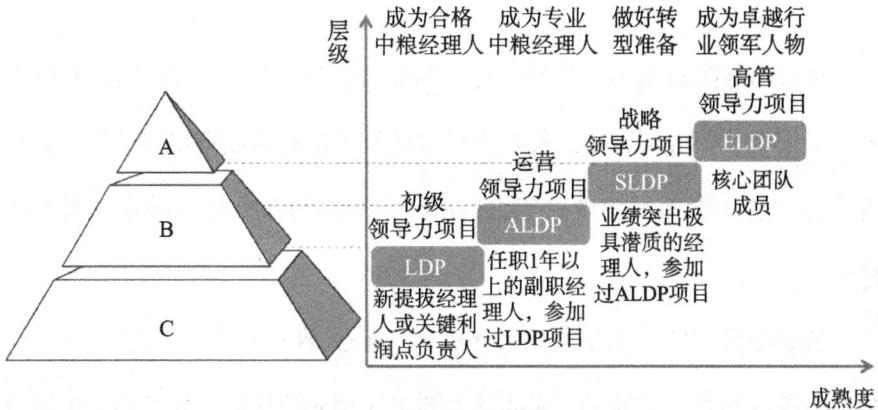

图 6.9 中粮领导力培养体系

第三步，探索有中粮特色的领导力培养方法。除了课程的定制化开发以外，中粮的领导力培训项目会融入行动学习、导师制、赋予挑战性工作、轮岗等多种学习形式中。

2010 年 3 月，为全产业链战略实施储备人才的"中粮集团战略领导力 (SLDP) 培训班"正式启动。宁高宁将培训班命名为"晨光计划"，希望通过这个培训班为中粮文化注入新的元素，打造所在行业的领军人物。

"晨光计划"学员选拔的严格程度可以用"过五关斩六将"来形容，初选的 335 名副职经理人经过基本条件审核、笔试、行为化面试、高管面试等多个环节的层层选拔，最终只有 26 人入选"晨光计划"。随后，这 26 名学员走上了为期 18 个月的定制化培养之路，学成之后的他们基本上已成为中粮实施战略转型的中坚力量。

4. 用于绩效薪酬: 为能力而付薪

绩效与薪酬是密不可分的一对"孪生兄弟",它们一个属于价值评估,另一个属于价值分配,目的都是为了激励员工给企业创造更多的价值。笔者认为,绩效管理不能单独产生作用,它需要与薪酬体系结合起来发挥作用。

基于胜任力的绩效薪酬有助于胜任力模型纳入体系,解决许多问题。其中最关键的是,它确保了完成任务和怎样完成任务之间的平衡。组织关心的不只有结果,还有取得这些结果的行为表现及方式。胜任力模型使得管理者和员工了解到什么样的行为表现与高绩效相关,并且是非常重要的。

在评估下属的绩效时,管理者要把个性特点、态度与技能、知识区分开,从而发现有待改进的地方,这是一件很困难的事情。基于胜任力的评估系统降低了解决这类问题的难度。那些有助于成功的重要技能、知识和个性特点可以被清楚地描述出来。胜任力模型可以让管理者清楚地了解从何处展开讨论,以及讨论应该着重于哪些方面,从而使讨论内容更加明确且具体,并把重点放在行为表现上。

胜任力模型可以确定哪些行为对提高绩效有效,因此为管理工作提供了一个出发点。例如，如果"团队协作"能力被认为是关键的，那么管理者就可以寻找特定行为表现的证据，如是否积极主动地帮助他人解决争端等。以胜任力为基础的绩效薪酬管理不仅强调了需要完成的工作指标，而且可以帮助管理者明白怎样完成这些指标，需要哪些素质和能力作为支持。

基于胜任力模型的绩效薪酬体系有如表 6.4 所示的三种模式。

表 6.4　胜任力模型应用于绩效薪酬的三种模式

	将胜任力评估纳入绩效考核	将胜任力评估与薪酬带宽挂钩	将胜任力评估与长期激励挂钩
操作方法	除了绩效考核以外，增加胜任力评估（价值观考核）	除岗位工资外，将胜任力评估作为能力工资的依据，以此确定员工适用哪个薪酬带宽	胜任力评估不直接与绩效薪酬挂钩，但作为职位晋升、制订股权计划的依据
代表企业	阿里巴巴	华为	大多数企业

第一种模式：将胜任力评估纳入绩效考核

这种模式的代表企业有阿里巴巴。阿里巴巴绩效考核分为两个部分，分别是业绩考核和价值观考核，它们各占 50% 的权重。价值观考核的应用是全方位的，深入招聘、培训、人员选拔、绩效考核、文化建设活动等人力资源管理的各个领域。价值观考核体现了阿里巴巴对价值观的重视程度，也帮助阿里巴巴塑造了一支价值观高度统一的团队。

阿里巴巴价值观考核的标准为"六脉神剑"，即六个价值观指标，每个指标又分成 5 个等级，分数分别是 1~5 分。价值观考核实行通关制，即员工首先做到较低分数的条款，然后进阶至较高分数的条款。依此原则，若员工未取得较低分数，则没有机会进阶。具体规则如表 6.5 所示。

表 6.5　阿里巴巴价值观考核分档规则

分档	分档标准	处理措施
A 档	超越自我对团队有影响，和组织融为一体被广泛好评，属于标杆，得分在 27 分及以上	指出价值观改进方向
B 档	言行表现符合阿里巴巴的价值观要求，整体是一位合格的阿里人，得分在 18 分~27 分	扣除业绩分 15%
C 档	缺乏基本的素质和要求，突破价值底线，根据程度不同改进或离开，得分在 18 分以下	无资格参与绩效评定，全额扣除奖金

评分说明：
· 若员工只做到每一条价值观的部分内容，可以评 0.5 分；如要扣分，需对员工做出当面说明；0.5 分（含）以下或是 3 分（含）以上，需要上级主管书面说明；
· 若员工连续两个考核周期都是 C 档，则将被淘汰；
· 任意一项价值观得分在 1 分以下，无资格参与绩效评定，全额扣除奖金。

　　在评分时，主管必须用具体事例进行说明，不能笼统地定义员工的价值观不好。这就需要主管平时关注员工的工作细节，并且进行必要的记录。主管在对下属进行评估打分时要谨慎，不能太过随意，每一条价值观分数出来之后都要与团队中其他员工的分数进行比较，整个价值观的分数出来之后也要与其他团队成员进行比较，判断分数是否合理。如果主管对下属的评分不确定，要走 "one over one plus HR" 模式，即由员工的上级及上级的上级和一位 HR 从业人员共同根据行为导向对员工的价值观进行考核。

第二种模式：将胜任力评估与薪酬带宽挂钩

　　除了岗位工资以外，将胜任力的评估作为能力工资的依据。这种类型的代表企业有华为。华为的薪酬设计哲学基本符合 3P + M。所谓 3P，一是指岗位（position），即在什么岗位拿什么薪酬，一般用来确定员工的基础薪酬；二是指绩效（performance），即员工做出多大贡献就获得多少收入；三是指能力（person），即员工具备多大能力就有获得多少收入的标准；M 是指市场参照（market），即与劳动力市场上同类职位、同类人才的工资水平进行对比，并取其合适的分位确定本企业的薪酬水平。华为将素质模型纳入任职资格管理体系，相同工作性质（职类）的人员按照统一的标准进行程序公正的认证，真实反映员工持续贡献的任职能力。

　　基于胜任力评估的薪酬带宽设计（如图 6.10 所示）首先根据职级进行薪酬等级划分，以职定薪，体现职级价值向战略性的、稀缺性的人才倾斜；其次为增强薪酬对高端人才的吸引力，一个职级子等对应一个薪酬带宽，不同职级的薪酬带宽有重叠，而这个重叠的部分则与胜任力评估挂钩，也就是说根据任职者的经验和能力确定其在所属级别薪酬区间内的薪点位置；绩效得分则决定了员工能拿多少奖金。

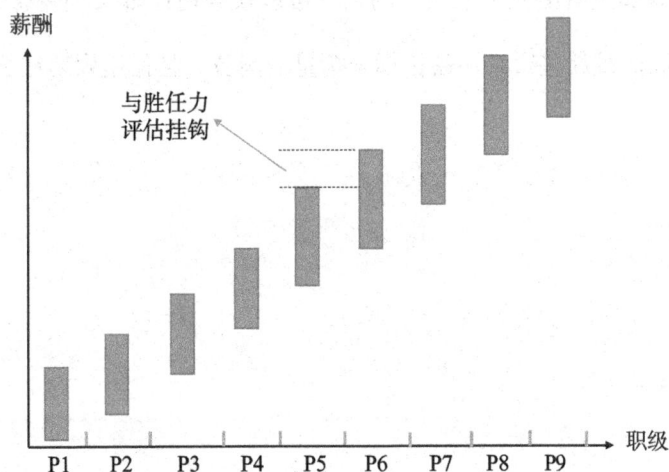

图 6.10　华为基于胜任力评估的薪酬带宽设计

第三种模式：将胜任力评估与长期激励挂钩

也就是说，胜任力评估不直接与绩效薪酬挂钩，而是与职位晋升、分配股票期权等长期激励挂钩，大多数企业采用的是这种方式。

要构建基于胜任力模型的绩效薪酬体系，有以下几个关键步骤：

（1）确定可以用基于胜任力薪酬理念来付薪的岗位族群；

（2）为每个岗位族群建立一个胜任力模型；

（3）确定各岗位族群里每个岗位层级的薪酬水平和薪酬带宽；

（4）制定一套公平合理的评估胜任力的方法和流程；

（5）基于胜任力模型评价员工的工作表现；

（6）基于评估结果，确定员工的薪酬带宽，判断是否进行薪酬等级调整或岗位级别调整。

基于胜任力的绩效薪酬管理与通常的绩效薪酬管理相比，其优点在于可以照顾到那些有潜质（素质）的人，可以较好地评价某些专家类型的岗位，也可以衡量那些很难用硬指标来衡量的岗位，且作用周期往往较长。

第 7 章

胜任力思维与人才战略

1. 隔行如隔山背后的用人秘密

由于每个行业的商业模式、产品特性、服务对象、业务流程等都不同，因此对人才的要求也有着非常大的差异。

劳动密集型行业对人才的要求是动手能力强，有些行业还要求形象气质佳。为何很多成功的服务业企业如肯德基、麦当劳，他们的员工都是一个类型的，这是因为企业的产品是固定的，企业的制度是固定的，企业的文化是统一的，企业的人才也是同一种风格的。只有这样企业才可以复制、扩张，才可以让所有的子公司、分公司完全一样。在关键人才方面，尤其是在高级管理者层面上，服务业特别需要管理高手。

快速消费品行业靠的是营销方面的不断创新，例如，可口可乐公司每年变换不同花样打广告；牙膏生产商前几年还在宣传冰片、中药的概念，现在则是宣传诸如双歧因子、不加氟、早晚牙膏等概念,这些都需要企业拥有重量级的策划高手。

如今制造业的行业特点是走高端路线。制造业企业如果没有技术、标准、专利、知识产权就没有话语权。对于制造业企业来说,对人才的要求就是学习能力和创新能力强。此外,制造业几乎涵盖了研发、生产、供应链、营销等多个业务条线,人员规模比较庞大,管理也比较复杂,企业比较强调规范化的管理,要求员工严谨、规范。

房地产、金融行业与宏观经济的关联最为紧密,资源整合能力、对宏观经济政策与外部经济环境的研究和分析能力是这些行业对人才能力的主要要求。

基于以上分析,笔者把不同的行业分为三大类,每类行业对人才的要求如表7.1所示。

表7.1　不同类型行业对人才的要求对比

	劳动密集型行业	资本密集型行业	技术密集型行业
行业举例	服务业、快消品	房地产、金融	互联网、高新技术
资格条件	对学历要求不高 形象气质好	阅历丰富 有人脉资源	年轻 高学历 专业技术出身
胜任力	动手能力强 服从安排 团队协作 吃苦耐劳	资源整合能力 人际交往能力 宏观政策研究能力	独立思考能力 工匠精神 学习能力 创新能力

对于高层领导的"决策能力"这个指标,不同的企业有不同的叫法:某核电企业将其命名为"保守决策",强调决策质量;某互联网企业则命

名为"果断决策",强调决策效率;某制造业企业则命名为"科学决策",强调决策质量与决策效率的平衡。不同的指标名称,代表了企业所处行业对人才素质的不同要求。

2. 第二曲线业务的"望远镜"人才特质

梅尔达德·巴格海(Mehrdad Baghai)在《增长炼金术》这本书中,根据业务发展的生命周期,把企业的业务划分为核心业务、成长业务、新兴业务三个层面。笔者将它们比喻为碗里的、锅里的、田里的。成长业务和新兴业务就是近年来经常被提到的"第二曲线业务"。

核心业务是企业营业收入、现金流、利润的主要来源,通常占总收入的 50% 以上;成长业务是正在快速增长中的业务,且经营模式基本成熟,有望成为核心业务,成长业务追求的是增加收入和市场份额,公司愿意投入资源来推动它的前进;新兴业务是有望成为长远业务的"孵化种子"项目,目前还处于胚芽期,其可行性尚不确定,但比简单的创意想法更进一步。三类业务的工作环境不同,人才在业务发展中所处的位置也不同,因此企业对人才能力的要求也有差异性。许多企业在用人方面经常犯的一个错误,就是用核心业务的人才去管理新兴业务。

由于核心业务已经发展得比较成熟了,经营者需要对现金流和利润率负责,要在原有的基础上对市场和客户群体进行深耕细作,持续改善工作效率，降低成本，因此要求其具有较强的目标管理和计划能力。在团队管理方面，要求更稳、更细、更扎实，要从人治转向法治和德治，更加重视团队协作、流程、制度的作用，对员工的行为要求也是需要尽量遵守规章制度，将风险降到最低，且持续改进。也就是说，核心业务需要的是一名守业者。

成长业务需要建立一支能适应市场变化的团队，因此要求其经营管理者具有积极进取、追求卓越、果断坚毅的特质，有开疆拓土的抱负和信念追求，有大局观和前瞻性，有魄力和行动力，善于抓重点，在过往的工作经验中最好有营销方面的经历。对普通员工来说，要求有内驱力（主动性、责任心、成就性、进取性），工作技能发展全面，有较强的学习能力和管理客户的能力，能预见客户需求，并聆听客户的心声。

由于新兴业务的不确定性较大，所以它对经营管理人才的综合能力要求比较高：一是要有远见卓识，充满激情，敢于单枪匹马地开辟新天地；二是要勇于打破行规，敢于探索未知，善于见招拆招，具有理想主义气质，且意志坚定；三是要有资源配置与优化的能力，能够快速配齐业务发展所需的各项资源，并进行有效组合，以建立竞争优势，新兴业务要求普通员工有挑战现状和学习创新的意识，善于从失败中学习和超越自我，追求产品创新的成就感，愿意跨界协作，风险承受能力较强。

三类业务中的人才角色和能力要求如表 7.2 所示。

表 7.2　三类业务中的人才角色和能力要求

	核心业务	成长业务	新兴业务
人才角色	经营者 从 N 到 N+	改革者 从 1 到 N	创业者 从 0 到 1
人才标准	丰富的行业经验 目标与计划导向 持续改善的运营能力 流程与纪律性强	突破局限的内驱力 适应较强的不确定性 果断的决策能力 成就动机强	建立新的商业模式 打破行规的创新能力 新技术、新模式的前瞻洞察 好奇心、进取心、坚韧性

核心业务对人才的能力要求是"显微镜"，要求人才具有精细化运营的能力；成长业务对人才的能力要求是"放大镜"，要求人才有突破局限的本领；而新兴业务对人才的能力要求是"望远镜"，要求以终局来看布局。

3. 不同发展阶段的人才需求差异

企业同人一样具有生命周期，有童年、青年、壮年和老年时期。美国著名管理学家伊查克·爱迪斯（Ichak Adizes）在《企业生命周期》一书中把企业生命周期分为十个阶段，即孕育期、婴儿期、学步期、青春期、壮年期、稳定期、贵族期、官僚化早期、官僚期、死亡期。有专家认为我国民营企业发展要经历"吃饭、致富、体面、责任"四个阶段。

结合我国企业的实际情况，笔者将企业发展分为四个阶段：第一阶段是生存，第二阶段是发展，第三阶段是繁荣，第四阶段是重生。企业处在不同的发展阶段，对人才的要求是不同的（如图 7.1 所示）。

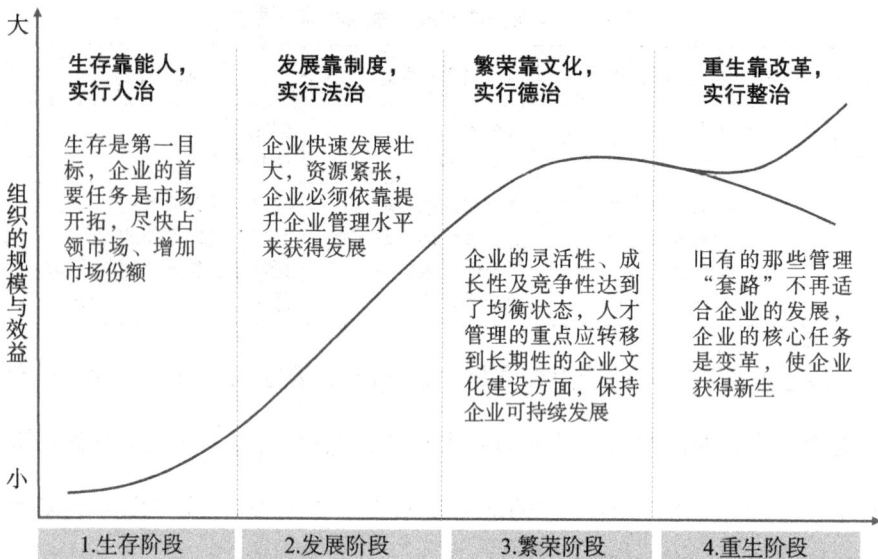

图 7.1 企业不同发展阶段的人才管理

第一阶段：生存靠能人，实行人治

第一阶段是企业的创业期、生存期，就像人的童年时期。这一阶段企业规模较小，经营业务比较单一；组织机构简单，管理层次少；职能专业化程度较低，分工不明显；管理工作量小；决策权集中在管理者手中，管理主要依靠创业者等核心人才，即"能人"；规章制度不健全，企业文化尚未形成，主要依靠个人经验进行管理。

在创业阶段，企业首先要解决"吃饭"的问题。企业的首要任务是开拓市场，尽快占领市场、增加市场份额，企业的发展和绩效主要依靠核心人才的能力和创业激情。这一阶段管理者要采取"人盯人"的策略，笔者称之为"人治"，其最大的优点是管理成本低、决策效率高，适应了企业环境快速变化的需要。

在创业阶段，企业面临生存的考验，资金极其有限，这些会成为企业引进人才的不利因素。这一阶段人力资源管理工作的核心是选人，企业主要从外部获取优秀人才。在选拔人才时，尽量引进富有激情、敢于冒险的创业型人才，这些人才必须拥有很好的战略眼光。

蔡崇信加入阿里巴巴时，放弃了 70 万美元的年薪，每月只拿 500 元人民币的工资。除了马云的人格魅力以外，他的愿景描绘、开放包容性也是吸引蔡崇信加盟的一个重要因素。阿里巴巴成立时，马云让十八位员工都成为创始人，将个人利益与公司利益紧密地捆绑在一起，既成就了自己，也成就了员工，成就了阿里巴巴。

所以，在这一阶段，良好的职业前景、工作挑战性等都是吸引人才的主要因素，此外，公司要建立鼓励创业的机制，营造创业的工作氛围，刺激全体员工的创业意识，把员工的利益与企业的利益有机结合起来。

第二阶段：发展靠制度，实行法治

第二阶段是企业的发展期、成长期，就像人的青年时期。这一阶段企业规模扩大，人数增加，经营业务范围不断拓展，业务量增大；组织机构也随之相应扩大，管理层次增加；内部分工越来越细，专业化程度越来越高，管理工作日趋复杂。

"快"成了企业在这一阶段的主旋律。一位知名企业的人力资源总监曾说过："我们的优点是发展很快，我们的缺点是发展太快。"只有快，才可以使企业的规模迅速扩大；只有快，才可以更快地占领市场；也只有快，才可以把竞争对手远远地甩在身后。但是，快也会带来很多问题：资源紧张，尤其是人才发展速度跟不上业务发展速度，人才青黄不接，出现断层。因此，加强人才梯队建设，打造敏捷高效的人才供应链是人才管理工作的重中之重。这时，企业需要从外面引进大量的管理人才，这些人才不仅要能够适应快节奏、高强度的工作，而且要有创新和突破的能力。

这一阶段对企业的管理水平也提出了更高的要求，过去单纯依靠个人能力的粗放型管理已经不再适应企业的发展，一方面管理者个人的时间和精力已不允许，另一方面管理者的专业知识和能力也难以满足日益复杂化和专业化的管理需要。企业的决策权应由高度集中逐渐向分权转变，职业经理人应开始发挥作用。这个时期的首要任务是机制建设，笔者称之为"法治"，即进行规范化、系统化的管理，包括建立和完善岗位体系、胜任力模型、绩效管理、激励机制、培训体系等。

第三阶段：繁荣靠文化，实行德治

第三阶段是指企业的成熟期、繁荣期，就像人的壮年时期。这一阶段企业规模进一步扩大，人员不断增加；经营业务范围进一步拓展，有的企业甚至开始实施多元化发展；组织机构庞大，管理层次继续增加；内部分工更加精细，专业化程度进一步提高；管理工作十分复杂，对人才管理工作提出了越来越高的要求；分权模式走上正轨，职业经理人越来越发挥关键作用；企业规章制度健全规范；企业文化发展成熟，开始进行人性化的管理。

在这一阶段，企业经营者的工作重心更多的是保持住企业的行业地位，企业已经很难在原有的基础上实现更大的突破。在这一阶段，企业引进的人才更重要的是做维护性的工作，相对而言，对创新性和拓展性的要求没有前两个阶段那么高。但这一阶段对人才的引进，从整体上来说又是最全面的。毕竟企业已经发展到很高的水平，需要人才具有更加优秀的综合素养，以及更加国际化的视野。

进入这一阶段后，企业的灵活性、成长性及竞争性达到了均衡状态，其发展方向有三：一是经过短暂的繁荣后进入第四阶段，即老化、衰退阶段，这是企业管理者最不愿看到的；二是企业不断进行微调，尽可能延长这一阶段；三是企业积极而稳妥地推进内部变革，进入新一轮的增长期。在这个阶段，人力资源管理应当实行德治，人才管理的重点应转移到长期性的、着眼于企业可持续发展的能力方面，如人才战略的制定、企业文化的建设，将企业核心价值观内化为自己的工作准则，把员工培养成真正的"企业人"，实现企业与员工的共同发展。

第四阶段：重生靠改革，实行整治

第四阶段是企业的重生期、衰退期，相当于人的老年时期。企业规模开始萎缩；企业向心力减弱，离心力增强，人心不稳，核心人才流失严重，一般人员严重过剩；企业失去活力，内部缺乏创造性，官僚风气浓厚，制度繁杂，缺乏有效的执行，互相推诿的情况经常发生；产品竞争力减弱，市场占有率和赢利能力全面下降，危机开始出现。

企业进入第四阶段并不意味着生命已经走到最后，如果及时进行改革，还可以"起死回生"，进入新的发展期。企业发展的目标是使企业获得新生，核心任务是变革，旧的那些管理套路不再适合企业的发展，必须改变过去不合理的管理机制、模式、方法，笔者称之为"整治"。企业极力地"甩掉包袱",轻装上阵,妥善裁减冗余人员,避免人浮于事,严格控制人工成本,以提高企业运行效率;实行高弹性薪酬模式并拉大内部差距;严格进行绩效考核,把个人收入与个人贡献和能力紧密结合起来;实行能者上、庸者下的制度,以贡献论英雄;吸引并留住核心人才,有时甚至要到竞争对手那里去"挖人",寻找"空降兵"来"救火",为延长企业生命、寻求企业重生创造条件。

1996年,苹果公司的销售收入下降了17亿美元,库存产品的价值高达7亿美元。一方面,公司的新产品脱销,使得电脑的分销商感到十分被动,大量客户转向了竞争对手;另一方面,公司的其他产品严重过剩,大量的存货不得不大幅度降价出售,公司处于一种无利润销售的状况之中。苹果当时的股票价格已经跌至13美元一股,公司奄奄一息。1997年,苹果请回了当初的创始人史蒂夫·乔布斯。乔布斯上任后从康柏公司把其核心领导成员之一的蒂姆·库克挖到了苹果,并由他负责整个公司的供应链系统的改革。不久,苹果就在市场上投放了iMac系列家用产品并获得了成功,苹果起死回生。

企业在不同的发展阶段采取的人才管理策略只有和企业的发展阶段相适应,才能促进企业的不断进步和发展。

4. 企业文化的核心就是用什么样的人

企业文化是企业发展过程中非常重要的一个因素,企业文化既与企业性质、所处行业、所提供的产品和服务有关，也与商业模式、管理机制、组织架构、岗位设置、管理者的风格与喜好等有关。

不同的企业文化对人才要求的侧重点是不同的。例如，在组织开展校园招聘时，企业是重视学生的成绩还是综合素质，不同的文化差异会得出不同的结果。有的企业认为学生的主要任务就是学习，所以成绩是第一位的；而有的企业会把人才的综合素质放在第一位，如有没有参加学生会、社团，有没有其他表演才能，学习只是其中一项参考指标而已。

有的企业要求人才必须是全面发展的，所以不仅要求员工精于专业知识，而且要了解其他知识；相反，有的企业则看重人才的专业技能，不要求他们在不同的领域都表现优秀，因为企业的文化假设是人的能力是有限的，只能将精力和时间放在某一个领域。

企业文化的分类有很多种，按照大家熟知的几种类型，笔者把企业文化分为技术导向型文化、产品导向型文化和效率导向型文化三类，它们对人才要求的差异性如表7.3所示。

表7.3 不同企业文化对人才要求的对比

	技术导向型文化	产品导向型文化	效率导向型文化
主要特点	也叫工程师文化，专注技术研究，寻求底层技术的创新突破，不讲求短期的利益回报	也叫产品经理文化，不寻求技术突破，而是通过技术要素的组合来满足客户需求	也叫执行力文化，虽然也会在技术方面有较多的投入，但更强调不折不扣的执行
代表企业	谷歌、百度	腾讯、苹果、万科	华为、阿里巴巴、万达、碧桂园
对人才的要求	需要有独立思考的能力，能在技术上带来颠覆式创新	需要有学习和创新能力，善于资源整合和模仿式、应用式创新	需要有较强的执行力和结果导向，更多的是延续式创新

张鹏原来在一家行业排名前十的房地产企业 H 公司担任培训经理，后来跳槽到另一家房地产企业 S 公司担任同样的职务，两家企业都经营住宅地产。H 公司倡导的是效率导向型文化，实施目标导向、授权式的管理，只问结果不问过程，领导交代任务之后就不会过多干涉，自己的事情自己负责；而 S 公司倡导的是产品导向型文化，注重产品品质，强调精细化管理，凡事讲求计划，需要频繁地请示汇报，如果出错了，只要及时请示汇报，就不用员工承担责任。张鹏加入 S 公司之后，觉得极为不适应，不到三个月就离开公司了。

5. 胜任力模型要随战略而变

战略是组织行为的出发点和归宿，胜任力模型的建立也应当从组织战略出发。在构建胜任力模型时，管理者可以将企业的战略、价值观通过演绎法融入胜任力模型当中，将企业的战略落实到具体的行为中，起到宣传战略和企业文化的作用。通过确定有效完成工作所需的胜任力，组织可以把员工招聘、培训与发展、绩效评估及后备干部培养的重点集中在与组织目标和高绩效最为相关的行为和能力的提升上，从而大大提升人力资源管理效率。

那么，胜任力模型构建完成之后，是否需要经常优化调整？多长时间优化调整一次较为合适？

如果公司进行了战略调整，外部环境也发生了巨大变化，管理者就应重新审视是否需要对人才标准进行优化。这时管理者就需要在分析战略文化的基础上，对模型进行重新修订，否则就可以继续使用原来的模型。

　　杰克·韦尔奇在担任 GE 的 CEO 期间，提出了著名的 4E+P 领导力模型（如图 7.2 所示）。这些要求是基于美国 20 世纪 80 年代高通货膨胀率、高失业率、经济疲软的情形而提出的，当时公司 70% 的收入来自美国。韦尔奇非常注重提高企业运营效率，他在第一个 10 年做了超过 200 项的业务整合，将组织层级由 9 层缩减为 4 层，员工数量从 40 万人缩减为 30 万人，但公司规模从 250 亿美元提升到上千亿美元。4E+P 领导力模型最核心的指标是激情，另外四个指标是活力、鼓动力、决断力、执行力。这个模型充满着浓浓的"鸡血味道"：高度集权，强调执行和运营效率，这与公司当时的战略布局、管理模式是一脉相承的。

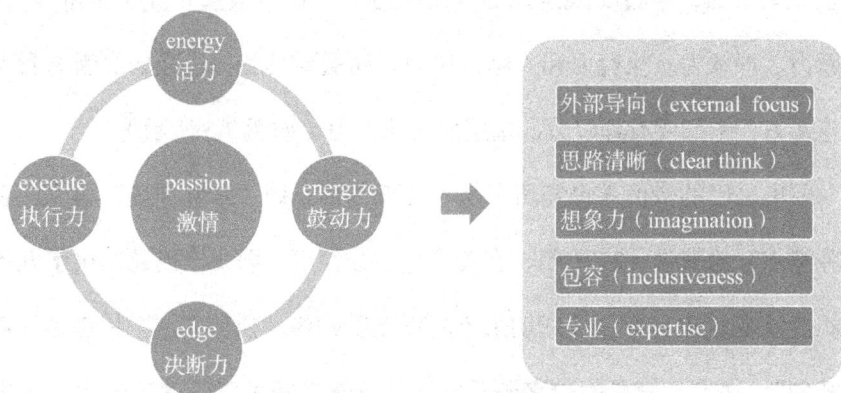

图 7.2　GE 领导力模型的变化

　　2001 年，杰夫·伊梅尔特（Jeffrey Immelt）接任 GE 的董事长之后，他看中了更有前景的全球市场，制定了业务增长战略，截至 2016 年，GE

超过 60% 的订单来自于海外市场。为了重点开拓海外新兴市场，他安排 GE 副董事长负责发展中国家的业务。伊梅尔特一上台，GE 的领导力模型就进行了相应调整，GE 要进行数字化转型，要成为解决方案商，向第三世界国家转移市场，所以它的指标就变成了外部导向、思路清晰、想象力、包容、专业（如图 7.2 所示）。

有人说，在韦尔奇时代，不是 Jack Way（杰克的方式），就是 Highway（走人），而伊梅尔特强调多元化之下的包容，允许各种行事风格，不看过程只看结果，这给了各下属公司和部门更大的自由决策空间。

华为早在 2005 年就在咨询机构的帮助下构建了领导力模型，其中共包括 9 个关键素质，叫作"干部 9 条"。这 9 条素质的内容较多，对领导者提出了较为全面的要求。随着华为管理体系的不断完善，其对干部的要求也逐渐聚焦，经过实践运用后 9 个关键素质慢慢被演化成了干部 4 力：决断力、理解力、执行力和人际连接力。高层要具备比较强的决断和人际连接力，中层要有理解力，基层要有执行力（如图 7.3 所示）。

阿里巴巴的价值观也经历了从"独孤九剑"到"六脉神剑"再到"新六脉神剑"的变化。2001 年，在关明生的建议下，阿里巴巴总结出了九条核心价值观。2004 年，邓康明加入阿里巴巴，将"独孤九剑"精炼为"六脉神剑"。这不是简单的数字游戏，而是意味着阿里巴巴的价值观逐渐走向规范化和标准化。2019 年，阿里巴巴成立 20 周年，马云将董事局主席的位置交给张勇，阿里巴巴的"六脉神剑"更新为"新六脉神剑"。虽然阿里巴巴称之为价值观，但其实它是全员通用的胜任力模型。

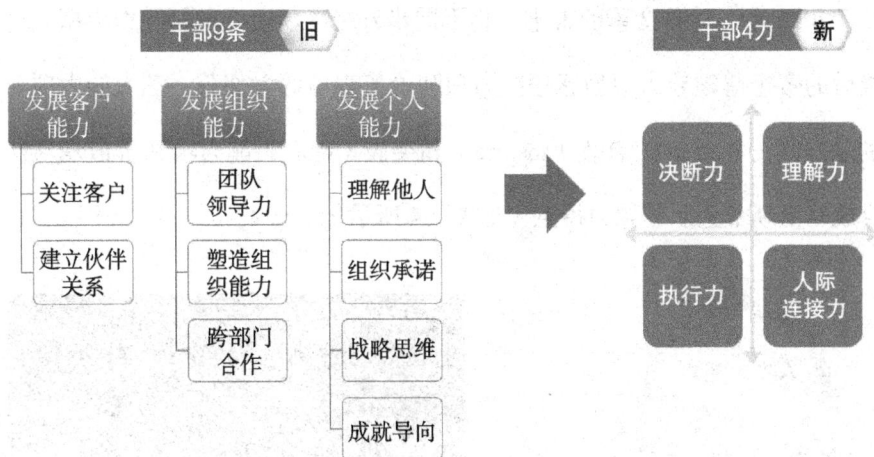

图 7.3　华为领导力模型的变化

　　腾讯于 2018 年 9 月 30 日进行了史上第三次大规模组织变革，这一变革被称为"930 变革"。这次组织变革的最大变化是：整合原来散落在 OMG、IEG、SNG、MIG 多个事业群的 To C 业务成立 PCG 事业群，聚焦于消费互联网；成立 CSIG 事业群，聚焦于产业互联网，从而代表腾讯全面进入互联网下半场。

　　组织变革中最难的不是技术升级和组织调整，最难的是人的接纳和同步进化，其中包括人的意识、人的行为、人才结构等的相应调整。腾讯帝企鹅领导力模型在这次变革中的进化尤其引人注目。

　　旧版的帝企鹅领导力模型融合了价值观和能力的要求，素质项可以分为四类：价值观类：正直——这是帝企鹅模型的基础要求；个人能力特质类：激情、好学、开放——这三个素质项同时体现了很强的价值观导向，涵盖了态度和行为要求；团队建设类：人才——强调凝聚人才，打造高效团队；业务类：用户——体现了腾讯对用户的重视，强调打造精品。

2019 年，随着变革的推进，腾讯同步升级了新帝企鹅领导力模型。升级后的帝企鹅领导力模型涵盖能力项和价值观项两大部分，三大能力项分别是洞察（insight）、点燃（inspire）和突破（win），能力项和价值观项组合成腾讯新帝企鹅领导力模型（如图 7.4 所示）。

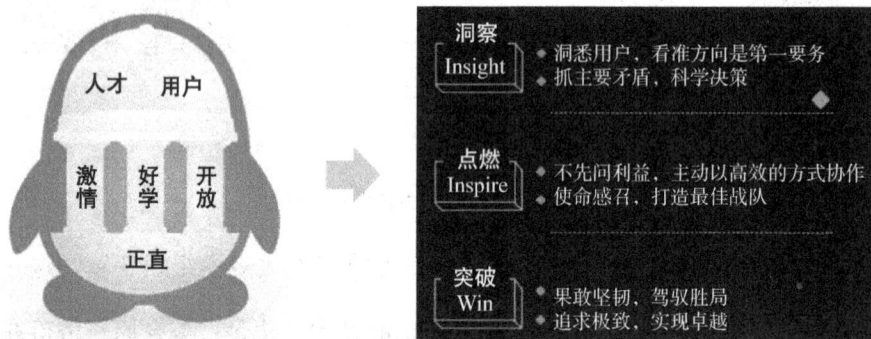

图 7.4 腾讯领导力模型的变化

无论是 GE、华为还是阿里巴巴，它们对人才的要求都经历了由繁到简的过程，这也说明随着外部环境和企业战略的调整，企业对人才的要求必须顺势而为。

第8章

胜任力模型的未来简史

1. 一直被批判，从未被超越

管理工具一直在发展进步，从过去的 KPI 到现在的 OKR，每隔几年就会有一些新工具产生，那么胜任力模型会不会也被其他工具替代呢？

自胜任力模型诞生起，对它的质疑声与批判声就从未停止过。与其他管理工具（如 SWOT、PDCA、MBO、BSC 等）相比，胜任力模型一直像个"鸡肋"：一方面胜任力模型代表的理念获得了相当多的重视，另一方面胜任力模型在实际应用中却又面临着各种障碍，举步维艰。总的来说，企业界对胜任力模型的批判主要有以下几点，如图 8.1 所示。

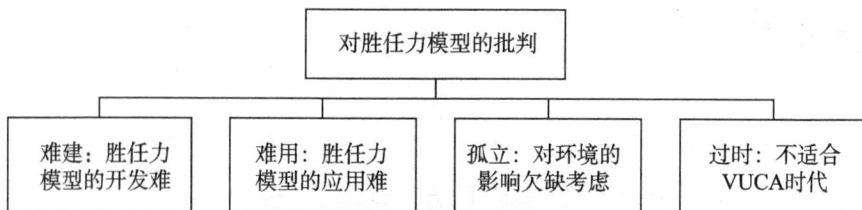

图 8.1　对胜任力模型的批判

（1）难建：胜任力模型的开发难

在构建传统胜任力模型时，管理者需要花很长时间进行调研访谈和数据分析，了解高绩效者过往的做法并对其进行行为编码，将其与绩效平平者进行对比，以致模型还没用就已经过时了。这些胜任力模型的技术难度也非常大，尤其是行为事件访谈，作为一种专业性很强的访谈分析方法，其核心技术在于对行为事件的收集和访谈资料的编码分析。这些对访谈人员、编码人员与数据分析人员的能力要求都较高，一般的人力资源从业者难以胜任。如果访谈调研样本量少，或者取样代表性不强，或者访谈技术不足，就无法收集到真实有效的行为事例；行为编码不准确都会导致构建出来的模型产生偏差，从而导致失败。由此可见，要建立一个高质量的胜任力模型需要解决很多困难，会受到诸多因素的制约。

由于开发难度较大，胜任力模型已渐渐失去了最初的精髓：为了节省开发成本，大家越来越使用通用的胜任力词典来进行模型构建，这使得胜任力模型越来越失去了岗位的个性化特点，变得越来越千篇一律。

（2）难用：胜任力模型的应用难

所有用过胜任力模型的人都有一种体验：它太难用了。不仅开发过程烦琐，胜任力模型的用户体验也非常糟糕。让未经培训的普通面试官采用行为面试法已是不易，再用行为等级去评定更是难上加难。将胜任力拆分成各种细致的能力素质的培训体系的搭建也不容易。由于各个岗位的素质不同，企业需要为不同的岗位匹配不同的培训计划，导致培训体系庞杂，耗资巨大。

胜任力是每个人身上的一些潜在特质，它不像绩效指标那样清晰、具体、可量化，因此胜任力的评估方式相对复杂一些。任何工作都需要任职者具备多项能力，但是评估这些能力的难易程度不尽相同。例如，想设计一个测试来考察一个人的表达能力是相对容易的事情，而要确定一个人是否具有战略思维能力和影响他人的能力，却不是一件容易的事情。

无法找到或掌握有效的评估方法，是很多企业在推行胜任力模型的过程中容易流产的主要原因。经过检验有效的评估方式目前主要有在线素质测评、360 度评估反馈、行为面谈、评价中心等。在线素质测评易操作，但专业测评机构中的测评题库与胜任力模型无法一一对应，且测评信效度较难验证；360 度评估反馈受利害关系、组织氛围、评分尺度差异等因素的影响，结果会存在一定程度的失真；评价中心的信效度较高，但是工具的开发难度大，开发周期较长，成本较高。

（3）孤立：对环境的影响欠缺考虑

胜任力模型特别强调人的个性特征对行为的影响，低估了人所处的具体情境对人行为的影响。事实上，组织环境可以对个体行为施加很大的影响。例如，某位员工是个特立独行的人，但是公司倡导团队协作，他的行为就会慢慢发生改变。同时，个体特质能够随着组织环境的变化而变化。公司的各种宣传标语、各种表彰奖励、各种指标考核……都会对其行为产生影响。因此，即使某人具备了某个职位所需的底层素质，但是否胜任还与其所在工作环境密切相关。再如，某位应聘者的能力指标符合分公司副总经理的要求，但是他的能力特征与总经理之间没有形成能力、性格上的互补，从这个角度来说他并不适合这个岗位。

（4）过时：不适合 VUCA 时代

VUCA 时代唯一不变的就是变化。企业所处的外部环境变幻莫测，不确定性增大，变革已成为企业发展过程中的新常态，无论是战略规划、业务模式，还是组织结构、岗位设置，都会经常进行优化调整，这就要求组织不断地对胜任力模型进行经常性调整。然而，按照行为事件访谈等传统方法构建起来的胜任力模型，是静态地回顾过去，不能有效地反映这些环境变化，难以准确预测和影响未来的高绩效。因此很多专家学者认为，基于岗位的、建模过程烦琐的胜任力模型越来越难以适应这个快速变化的时代。

尽管以上各种批判言之凿凿，但是依然无法抹杀胜任力模型的价值。许多人认为字节跳动、滴滴、拼多多等互联网企业好像没有构建领导力模型，事实并非如此。字节跳动创始人张一鸣指出，他在选拔高级人才时，最看重五个基本素质：理性、逻辑、修养、企图心、自我控制力，这其实就是一种简单定义式的胜任力模型。笔者曾在两家互联网企业任职，这些企业都构建了胜任力模型；笔者也曾作为咨询顾问为多家电商、人工智能等高科技企业提供过胜任力模型的咨询和培训服务。

针对 VUCA 时代，陈春花提出了一个未来领导力的 codes 模型（如图 8.2 所示），模型有五个维度：同理心、思辨力、内定力、美感度、开放度。这本质上也是一个胜任力模型。所以在快速变化的时代，不是胜任力模型不适用了，而是管理者的能力素质要进行转变和升级。

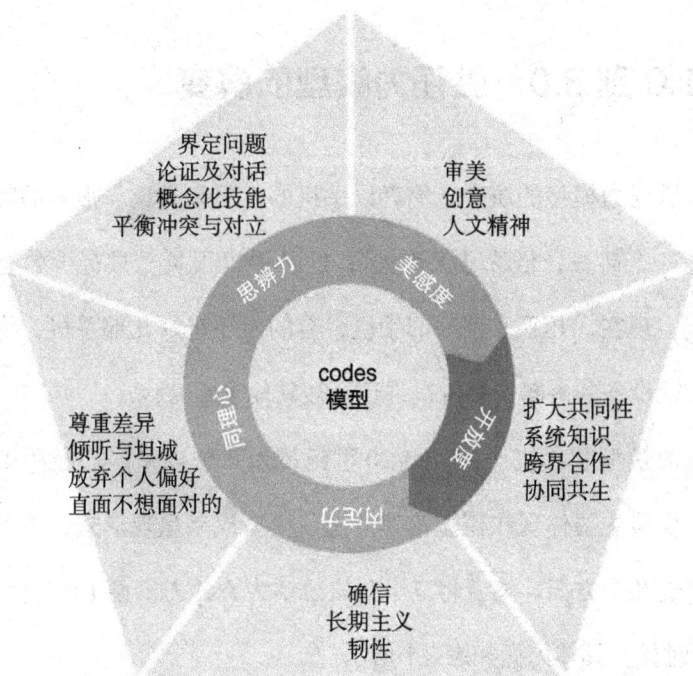

图 8.2　未来领导力的 codes 模型

笔者非常认同林光明老师的观点："正如大部分管理思想和管理工具一样，迈克尔·波特（Michael Porter）的五力模型没有随着摩立特集团（Monitor Group）的被收购而消亡，麦克伯的胜任力思想没有随着其被合益收购而消亡，自然也不会随着合益被光辉国际收购而消亡。历史不是一再的否定，而是扬弃。管理思想也不会被关在一个公司的笼子里，而是会像蒲公英种子一样随风飞扬。"

那些批评胜任力模型没有价值的人，并没有提出比它更有价值的工具。就像很多人批评 KPI 是因为自己没搞懂 KPI 一样，批判胜任力模型也是因为很多人没有真正搞懂胜任力。

2. 从 1.0 到 3.0：胜任力模型的演变

说到胜任力模型的演变，笔者以手机的发展来类比。很早的时候手机很大，像一个砖头，俗称"大哥大"，这种手机很贵，只有少数有钱人才能买得起；现在，几乎人手一部手机，有的人还有好几部手机；将来，随着智能穿戴设备的兴起，手机也许还会被其他东西替代。

胜任力模型和手机一样，自 20 世纪传入我国以来，共经历了三个发展阶段，发展主要体现在模型构建方法、模型成果呈现形式、模型应用广度与深度这几个方面。笔者将三个阶段总结为胜任力模型 1.0 时代、2.0 时代和 3.0 时代，具体内涵如表 8.1 所示。

表 8.1　胜任力模型的演变

	胜任力模型 1.0 时代	胜任力模型 2.0 时代	胜任力模型 3.0 时代
价值定位	奢侈品	轻奢品	必需品
构建方法	以行为事件访谈为主	以行为事件访谈为主	工作坊、模型卡片等
建模对象	以中高层管理人员为主	以中高层管理人员为主，覆盖部分关键岗位	以中高层管理人员与关键岗位为主，以及部分重要角色
费用成果	非常高	较高	较低

（续表）

	胜任力模型 1.0 时代	胜任力模型 2.0 时代	胜任力模型 3.0 时代
时间周期	周期长	周期长	周期短
应用广度	一般	中等	较广
应用深度	一般	中等	较深

（1）胜任力模型 1.0 时代

从 20 世纪末到 21 世纪初是胜任力模型 1.0 阶段。这个阶段以华为、联想等走在时代前列的国际化企业为代表，它们通过与国际知名咨询机构合作，构建了胜任力模型。这一时期，胜任力模型是一种奢侈品，构建者以外资管理咨询机构为主，构建方法是传统的行为事件访谈、行为编码技术，因此建模时间长，通常构建一套胜任力模型需要花 3 个月以上的时间，费用也非常高，基本上在 100 万元以上（据说华为的整套胜任力模型体系花费了上千万元）。胜任力模型的对象也是以中高层管理人员为主，所以构建的基本上都是领导力模型。同时胜任力模型的篇幅较多，行为描述非常详实，但由于内部人员参与度并不高（只是在访谈阶段参与了），缺乏完善的配套使用工具，加上当时国内普遍对胜任力模型比较陌生，因此落地较难，除了华为等企业应用较为成功外，大部分企业的应用效果并不好。

（2）胜任力模型 2.0 时代

从 21 世纪初到 2013 年左右是胜任力模型 2.0 阶段。这个阶段以华润、中广核、万科、中兴通讯等大型国有企业和民营企业为代表，它们在咨询机构的帮助下构建了领导力模型。这一时期，一些本土管理咨询机构开始崛起，形成了外资与本土咨询公司平分秋色的格局。胜任力模型已从奢侈品变成了必需品，胜任力模型构建开始注重应用落地性，开始考虑评价中心等工具的配套性。但是这时的特点仍然是重模型，建模周期仍然较长，费用也比较高（虽然比 1.0 时代下降了非常多）。建模的对象除了中高层管理人员以外，开始覆盖一些关键岗位，如中广核的核反堆操纵员、华为的销售人员和研发人员。

（3）胜任力模型 3.0 时代

从 2014 年至今是胜任力模型 3.0 阶段，这个阶段以处于快速发展期或战略转型期的大中型企业为代表。建模的主体不再是咨询公司，很多公司的 HR 从业人员也掌握了这一技术。这一时期，模型构建不但注重应用性，而且注重敏捷性，要求在较短时期内完成模型的构建（最快两三周甚至几天即可完成），并在应用的过程中不断迭代与更新。因此，这时的模型注意区分可评价和可培养的部分，行动学习技术、胜任力模型卡片在胜任力模型构建中扮演了比较重要的角色。建模对象既有管理人员，也有非管理的关键岗位，有的企业甚至开始为一些非固定岗位的角色构建胜任力模型（如项目经理）。

为什么现在建模的时间和费用可以降低这么多？因为在 1.0 阶段胜任力模型的应用并不广泛，掌握这项技术的咨询机构和顾问较少，各类参考资料（如胜任力词典、同行案例）也不多，所以企业在构建胜任力模型时，依赖大量的行为事件访谈与行为编码技术，工作量较大，有的机构还要像麦克利兰那样进行绩优人员与绩差人员的行为对比分析。

随着研究胜任力模型的机构增多，构建胜任力模型的企业增多，各类胜任力词典库和案例也逐渐丰富，因此企业可以直接借鉴同行或同类型企业案例，或在借助胜任力词典库的基础上完成胜任力模型的构建工作。

从胜任力模型演变历程来看，我们可以看到，虽然将来一定会有比胜任力模型更先进的管理工具，但是我们很难准确预测具体是什么时候，近期胜任力模型仍然有着它不可替代的价值。

3. 从胜任力模型到任务模型

著名学习路径图专家朱春雷老师将新员工从入职开始到独立胜任工作划分为三个发展阶段。不考虑前期招聘的成本，假定在一定时间范围内企业给员工的投入（包括工资和培训等）固定不变，那么企业对员工的投入与产出关系如图 8.3 所示。

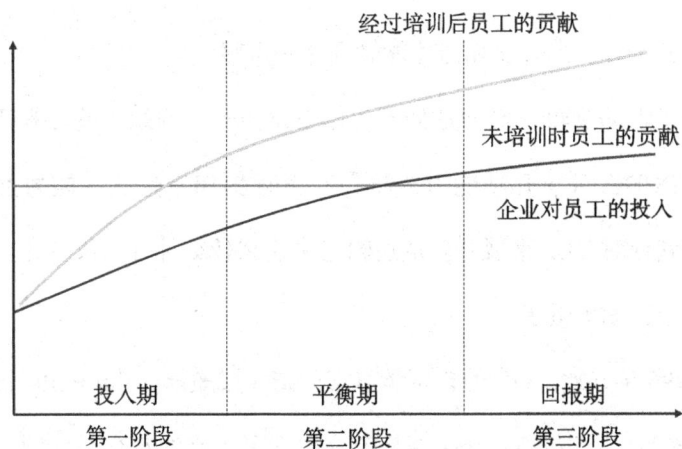

图 8.3　企业对员工的投入与产出关系图

第一阶段是投入期，员工需要接受培训和适应环境，暂时不能胜任工作，不能为企业创造价值。此时，员工对企业的贡献减去企业的投入，结果是负数，也就是说，企业是亏的，这种状态持续的时间越长，企业的损失就越大。

第二阶段是平衡期，员工能够胜任一部分工作或者熟练水平达到了一定程度，员工的贡献从负数变成 0。此时，员工的贡献与企业的投入持平，达到了盈亏平衡点。

第三阶段是回报期，员工已能够胜任工作，个人贡献大于个人所得，企业对员工的投入开始有了回报。

朱春雷老师认为，企业培训的目标就是要让员工快速适岗，压缩投入期的时间，尽早迈入回报期。例如，一位新销售人员入职，如果企业不对他进行培训，仅靠他自己慢慢融入和适应，需要六个月才能成交第一单，而对他开展培训的目标就是要将这六个月的时间缩短，变成五个月、四个月，甚至三个月。那么，如何才能做到这一点呢？

按照正常的逻辑，培训是基于胜任力模型的，例如，员工胜任这项工作需要 ABCDEFG 这几项能力，而员工普遍在 BEF 这三项能力上表现不足，培训就针对 BEF 来展开。从逻辑上来说缺什么补什么没有错，但问题就在于这个速度太慢了。

从 1996 年开始，GE 的首席学习官吉姆·威廉斯（Jim Williams）通过 GE 内部的实验，以及对 IBM 等其他公司学习策略的观察后发现，按照胜任力模型的指引，对能力进行分别培养的方法是低效的，即每次以一个单独的能力为主题对员工进行培训，最后依赖员工自觉整合学习内容，转化并应用到工作中的方法是低效的、漫长的。与此同时，他们发现将典型工作任务作为培训的主题，即每次以执行一个工作任务作为学习目标和评估标准，把完成该项任务的能力作为培训内容的学习方式是高效的。

与此同时，美国认知心理学家韦尔兹利·R. 福希（Wellesley R. Foshay）、肯尼思·H. 希尔伯（Kenneth H. Silber），以及迈克尔·B. 斯泰尔尼基（Michael B.Stelnicki）等人也得出了同样的结论。他们认为，胜任力模型是结构化的知识（Declarative Knowledge），不是流程性的知识（Procedural Knowledge）。也就是说，胜任力模型可以回答我们什么能力是需要的，但不能告诉我们如何培养这些能力。

以"沟通技巧"为主题，对员工进行培训，然后依靠员工自己去理论联系实际，自觉地把所学的沟通技巧结合工作任务加以应用，并最终促进工作任务的完成，只是培训设计者的一厢情愿。因为实验数据显示，只有7.5% 的人具备这种学以致用的能力。

多数情况下，完成一个工作任务需要任职者同时具备几项能力。例如，"客户拜访"是一项任务，需要销售人员同时展现表达技巧、谈判技巧、人际沟通、商业意识等能力。另外，在执行任务时，多项能力是一个统一的整体，必须同时得到展现，而不是被依次展现。如果把这些能力分离出来进行单独培训，就会偏离能力展现的特点和情景。同时，单一能力的培训课程大多具有通用性的特点，与具体工作任务的结合程度较低，增加了员工学以致用的难度，因此这种培训策略必然是低效的。

能力只有依托于执行工作任务才能得以提升，同时，能力是否得到了提升，也必须通过工作任务的完成情况来证明。任务模型实现了能力培养的有效性和培训评估的可行性，克服了胜任力模型的局限，因此以任务模型为基础构建培训体系更为有效。

其实大家对任务模型并不陌生，联想公司创始人柳传志提出的领导力三要素"搭班子、定方向、带队伍"就是一个经典的高层管理人员的任务模型。要说打造基于任务模型的培训体系，最成功的当属阿里巴巴著名的"三板斧"。这"三板斧"指的是中高层管理者进行管理的三个核心环节或动作，由于"三板斧"分别针对基层、中层和高层管理者，因此合起来称为"九板斧"（如表 8.2 所示）。

表 8.2　阿里巴巴"九板斧"

	头部三板斧	腰部三板斧	腿部三板斧
层级	ALDP，M5 及以上	AMDP，M4~M5	AMSP，M1~M3
定位	建立和完善体系 滋养组织能力 定方向、做决断（人、财、模式）	资源协调整合（人和事） 多模块组合 从战略到执行的转化	从做事到做人 单一模块 任务的落地和执行
内容	1. 定战略 2. 造土壤 3. 断事用人	1. 懂策略 2. 搭班子 3. 做导演	1. 招人辞人 2. 建团队 3. 拿结果

阿里巴巴"三板斧"来源于 2010 年，当时公司引进了很多高层管理者，开阔了阿里人的眼界，也冲击着阿里的文化。马云在会议上明确提出各层管理者的能力要求，他还举了一个例子，就像程咬金的三板斧，虽然套路不深，但非常实用，因此每个层级的管理者要分别掌握三个基本功，

反复练习、反复应用。

　　"三板斧"是阿里巴巴提升管理能力的一种体验式培训课程，实际上是一种行动学习，与传统培训的情景模拟不同，它是实战演练。在"三板斧"课程中有两条线：一条线是真实的业务场景，在集中的时间进行探讨并解决实际问题；另一条线是浓缩的管理场景，把平时的管理动作带到课程中，通过呈现、反馈、觉察、反思，提升管理者的管理能力和管理意识。

　　在阿里巴巴的不同发展阶段、不同体系中，"三板斧"有不同的版本，如早期的揪头发、照镜子、闻味道，后期的战略三板斧、营销三板斧等。总的来说，它是基于任务模型的培训体系中的成功典范，值得其他企业的管理者借鉴。

4. 从岗位胜任力到角色胜任力

　　第二次工业革命之后出现了社会化大分工，导致工作细分及专业化水平的提高，出现了固定的"岗位"（又称职位），岗位管理由此产生。传统人力资源管理工作都是以岗位管理为基础的，责、权、利都是配置在岗位上的，人的价值主要通过岗位的价值来体现，岗位价值越大，人的价值就越大，所以传统人力资源管理工作首先要进行岗位价值评估。我们常说的因事设岗、因岗找人，就是强调人的能力要符合岗位的要求，这就是所谓的人岗匹配。一旦实现了人岗匹配，企业就会像一台高效的机器一样快速发展。

在 VUCA 时代，外部环境的频繁变化导致"岗位"已无法承载频繁变动的工作内容，常规性工作越来越少，岗位边界越是清晰就越容易出现员工相互推诿的现象。此时岗位的概念逐渐分崩离析，工作与人开始直接结合形成角色。

角色体现了人的能力与工作要求的统一性，当工作发生变动时，人必须同时做出改变，因此相对岗位而言，角色具有动态属性，能够迅速响应客户需求。角色是以人为中心的，因为角色的出发点和最终应用都是人，而不是静态的岗位，所以人必须具备面对复杂性和不确定性的能力。在岗位管理基础瓦解的同时，角色管理应运而生。

在以岗位为基础的传统金字塔组织中，职级越高，数量越少，因此只有少数处于金字塔顶端的精英才能获得更多的责、权、利，所以这种组织形态也被称为精英价值形态。角色管理则彻底摆脱了职位的禁锢，只要能够胜任某个角色，能够满足客户需求，任职者就会取得该角色的责、权、利，这就使企业呈现出了百花齐放的局面，因此这种组织形态也被称为客户价值形态。

岗位管理与角色管理的对比如表 8.3 所示。

表 8.3　岗位管理与角色管理的对比

岗位管理	角色管理
人要匹配岗位要求	工作与人相结合
以岗位为中心	以人为中心
静态的	动态的

（续表）

岗位管理	角色管理
无法适应快速变化	迅速响应客户需求
容易相互推诿	能够较好协同
精英价值形态	客户价值形态

以角色为基础的管理如今已成为现实：与华为类似，万科早就开始自我颠覆，2017 年万科发布《万科事业合伙人纲领》，开启了组织重建工作。

万科的组织重建工作完成后，目前的管理架构只有两级，从集团到区域、事业部层面，组织架构都变得扁平，部门制被取消；实现了从以职能模块为核心，到以业务角色为核心的转变。

改革前万科总部实行部门制，共有 12 个部门，各部门平行，条块分割，出现了许多沟通壁垒。为此万科撤掉了原先的 12 个部门，成立了三大中心，分别为事业发展中心、管理中心、支持中心，并由三位牵头合伙人分别负责。事业发展中心包括战略、投资、运营、资金等职能；管理中心包括财务、成本、人力资源、税务、董事会事务等职能；支持中心包括行政与会务、品牌、媒体等职能。

在部门调整的同时，万科对职级的改革也在进行。过去万科职级共有 V1~V7，而如今共分集团合伙人、中心合伙人、执行合伙人和合伙人四个层级。其中，集团合伙人是万科副总裁级高管，中心合伙人则大多是万科总部原来各业务部门的负责人，执行合伙人包括了近 26 位总部相应职能板块的业务骨干，合伙人则是总部的普通员工。

在传统的科层制、金字塔组织中，工资一般按职级的提高而稳定上升，万科的工资改革则取消了工资与职级的绝对挂钩，月薪可上可下，一年一定，万科内部称之为"起立、坐下"。万科的改革等于打开了工资的向下通道，变成了双向的；同时，金字塔的组织结构也被冲散，变得扁平。

以北京万科为例，北京万科从过去的总经理、副总经理、部门经理、骨干、员工五级管理层级，变成了现在的两级，即把北京万科变成400~500个任务。每个任务只有一个负责人，其他所有人无论原来所处的层级、部门，都要听从这个负责人的工作安排。例如，北京公司一名行政体系的员工领了一个"任务包"，重新改造办公室。在这个任务中，该名员工扮演了一个新"角色"，被赋予了权力，而北京公司总经理只是协助者的角色。

《重新定义管理》一书作者布赖恩·罗伯逊（Brian Robertson）认为，在知识经济和互联网时代，超大型企业会变得"不经济"，企业的边界会消失，内部权力体系会消亡，组织的层级界限会被打破，职能之间的边界也会越来越弱化。在这种情况下，角色管理是必然趋势，而角色胜任力模型也成为了胜任力模型的发展方向之一。

很多企业会出现几种角色，如面试官、内训师、项目经理，因此基于这几种角色而构建相应的胜任力模型则成为了未来管理的一大趋势。笔者在《超级面试官》一书中曾提出过一个面试官的胜任力模型，如表8.4所示。

表8.4　面试官五大胜任力

指标名称	指标定义
爱才惜才	爱惜人才，遇到优秀人才很想把他招进来，深入挖掘应聘者的优点
知人善任	善于识别人才的能力特征，并将他放在合适的位置上，做到人尽其才、才尽其用

（续表）

指标名称	指标定义
见微知著	观察细致入微，通过捕捉应聘者只言片语中的信息来看透他的能力、性格特征、价值观与动机
开放包容	有开放包容的态度，也就是各种风格都能兼容并包，特别是要能包容人的缺点
审慎评判	耐心倾听应聘者的回答，谨慎地对他的能力做出评价，凡是比较确定的评价均要有相应的行为证据和逻辑依据

从某种角度看，很多企业构建的领导力模型、全员通用的胜任力模型也是一种角色胜任力模型。

有一些企业会将角色代入到胜任力模型中，将模型指标按角色进行归类，如战略落地者、业绩实现者、团队建设者、文化践行者、变革推动者，这样指标之间的逻辑关系就会更加清晰明了。有一家企业将领导力模型指标归类为掌舵手、变革家、生意人、教练员、奋斗者，从而使领导力模型更加易于理解和宣传（如图 8.4 所示）。

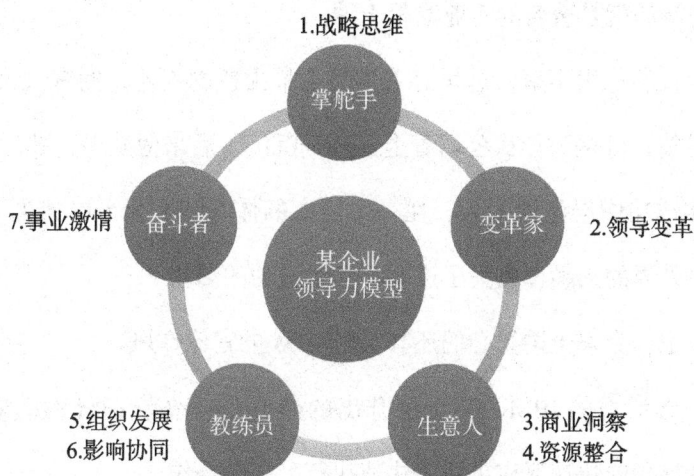

图 8.4　某企业按角色归类的领导力模型

153

别人家的胜任力模型

一、IBM 三环领导力模型

作为一家百年老店，IBM 几乎一直在执计算机界之牛耳。然而，到了 20 世纪 90 年代，IBM 风光不再，面临着重大的经营危机。在这一危机面前力挽狂澜的就是著名的企业家郭士纳。

刚上任的他很不解，这里有着世界上最出色的人才，拥有大大领先于时代的科技，可是为什么公司看上去暮气沉沉？后来他发现，那时的 IBM 人已经在成功中浸淫得太久，在一个巨大的体系和文化当中迷失了自我，丧失了对外界的兴趣，丧失了进取心和对成功的渴望。

事实上，令郭士纳担心的还有当时 IBM 的官僚作风。

对缺乏活力的 IBM，郭士纳开出的药方是：改革 IBM 的绩效管理，把绩效考核导向快速反应市场、快速执行、团队合作。

　　如果只做到指出改革方向，郭士纳并不能成为商业史上最好的 CEO 之一。他要让所有员工真正沿着改革的方向前进，让他们知道怎样做才算做到了"快速反应市场、快速执行、团队合作"。

　　郭士纳认为领导者更应该对整体运行做出表率，所以他决定建立领导力模型，列出具体的领导者能力要求。

　　显然这个领导力模型的确定是有的放矢的。在 1996 年 IBM 第一个领导力模型里，我们看到了针对"没有进取心"而提出的"渴望成功的动力"；针对"官僚主义"提出的"直言不讳"……"这些条款的确都是针对 IBM 当时的问题，以公司转型为目标提出来的。得到施行之后，确实很快改变了公司上下的工作氛围，使公司转型得以顺利进行。"

　　"当时的感觉是如获至宝！"时任 IBM 大中华区人力资源经理的郭希文如此形容她第一次接触到领导力模型时的感受，"之前，我们就像跳水队的全省冠军，练得不错，但很难更进一步。这个领导力模型就像一部全国跳水金牌运动员的标准动作图谱，让我们一下就知道如果我们要发展个人的领导能力该怎么做。没错，它就是告诉你一个成功的领导者该有的行为规范。"

　　在另一个层面上，领导力模型也为 IBM 的人力资源选拔和人才培养工作提供了重要的依据。"之前我们可能会这样形容一个好的领导：眼睛亮、手脚快、嘴巴甜。"郭希文说，"可到底什么是眼睛亮、手脚快、嘴巴甜呢？这个领导力模型给出了标准。"

　　事实证明，正是郭士纳进行了包括建立领导力模型在内的一系列改革，

IBM 才得以起死回生，重回巅峰！才有了《谁说大家不能跳舞》一书……

在 IBM 的三环领导力模型中，对事业的热情处在环心，其他三大要素围绕这个环心运转。IBM 三环领导力模型结构图如图 1 所示。

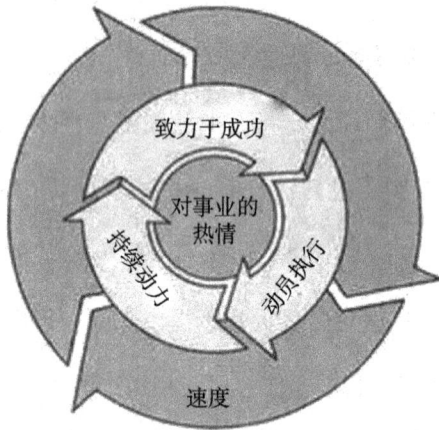

图 1　IBM 三环领导力模型结构图

1. 环心：对事业的热情

IBM 认为他们的杰出领导者对获得事业、市场的领先优势，以及 IBM 的技术和业务能为世界提供服务充满了热情。IBM 环心指标如表 1 所示。

表 1　IBM 环心指标

指标名称	行为描述
对事业的热情	• 充满热情地关注市场 • 表现出富有感染力的热情 • 能描绘出一幅令人振奋的 IBM 未来图景 • 接受企业的现实，并以乐观自信的方式做出反应 • 表现出对改造世界的技术潜力的理解 • 表现出对 IBM 解决方案的兴奋感

2.1环：致力于成功

IBM 以三大要素来考察领导者，即对客户的洞察力、突破性思维、渴望成功的动力。IBM 1 环指标如表 2 所示。

表 2　IBM 1 环指标

指标名称	行为描述
对客户的洞察力	• 设计出超越客户预期并能显著增值的解决方案 • 站在客户和 IBM 的角度来看待客户企业 • 使人们关注对客户环境的深刻理解 • 努力理解并满足客户的基本需求及对未来的需求 • 一切以满足客户的需要为优先 • 以解决客户遇到的问题为己任
突破性思维	• 必要时能突破条条框框 • 不受传统束缚，积极创造新观念 • 在纷繁复杂的业务环境中积极开拓并寻求突破性的解决方案 • 能看出不易发觉的联系和模式 • 从战略角度出发而不是根据先例做决策 • 高效地与别人探讨创造性的解决方案 • 以为企业创造突破性的改进为第一要务 • 开发新战略使 IBM 立于不败之地
渴望成功的动力	• 设立富有挑战性的目标，以显著改进绩效 • 能够经常寻求更简单、更快、更好解决问题的方法 • 通过投入大量的资源或时间，适当冒险以把握新的商机 • 在工作过程中不断改变，以取得更好的成绩 • 为减少繁文缛节而奋斗 • 将精力集中于对业务影响最大的事情上 • 坚持不懈地努力以实现目标

3.2环：动员执行

一位杰出的领导能否动员团队执行，达到目标，可以通过团队领导力、直言不讳、协作、判断力和决策能力四个要素进行考察。IBM 2 环指标如表3所示。

表3　IBM 2环指标

指标名称	行为描述
团队领导力	• 创造一种接受新观念的氛围 • 使领导风格与环境相适应 • 传达一种清晰的方向感，使组织充满紧迫感
直言不讳	• 建立一种开放、及时和广泛共享的交流环境 • 言行要一致，说到做到 • 建立与IBM政策和实践相一致的商业与道德标准 • 行为正直 • 使用清晰、平实的语言进行沟通 • 寻求其他人的诚实反馈以改善自己的行为 • 与他人对话应坦率，尽管有时这样做很难
协作	• 具有在全球、多文化和多样性的环境中工作的能力 • 采取措施建立一个具有凝聚力的团队 • 在IBM全球分公司内寻求合作机会 • 从多种来源提取信息以做出更好的决策 • 信守诺言
判断力和决策力	• 即使在信息不完整的情况下也能果断行动，能处理复杂和不确定的情况 • 能够根据清晰而合理的原因邀请其他人参与决策过程 • 快速制定决策 • 尽快贯彻决策 • 有效处理危机

4.3环：持续动力

判断一个领导者能否为组织带来持续的动力，IBM也有三条标准，即发展组织能力，指导、开发优秀人才，个人贡献。IBM 3环指标如表4所示。

表 4 IBM 3 环指标

指标名称	行为描述
发展组织能力	<ul><li>调整团队的流程和结构，以满足不断变化的要求</li><li>建立高效的组织网络与联系</li><li>鼓励比较和参照公司以外的信息来源，以开发创新性的解决方案</li><li>与他人合理分享所学的知识和经验</li></ul>
指导、开发优秀人才	<ul><li>提供具有建设性的工作表现的反馈</li><li>帮助提拔人才，即使这样会使人才从自己的团队转到另一个团队也要如此</li><li>积极、真实地向他人表达对其潜能的期望</li><li>激发他人以发掘他们的最大潜力</li><li>与自己的直接下属合作，及早分配以培养为目的的任务</li><li>帮助他人学会如何成为一个有效的领导者</li><li>辅助他人发挥自身的领导作用</li><li>以自身正确的行为，鼓励学习的氛围</li></ul>
个人贡献	<ul><li>所做的选择和确定的轻重缓急与 IBM 的使命和目标保持一致</li><li>持续学习与本职工作有关的职业和技术知识</li><li>帮助他人确定复杂情况中的主要问题</li><li>热诚地支持 IBM 战略和目标</li><li>为满足 IBM 其他部门的需要，放开自己的关键人才</li></ul>

二、华为"干部九条"领导力模型

华为在咨询公司的帮助下开发了一套完整的干部领导力模型，其中包括九个关键素质，简称为"干部九条"。它成为华为在选拔干部时进行能力评价的标准，该模型构建于 2005 年。

华为"干部九条"领导力素质模型内容具体如下。

1. 发展客户能力

1.1 关注客户

定义：致力于理解客户需求，并主动用各种方法满足客户需求的行为特征。"客户"是指现有的、潜在的客户（内外）。

维度：对客户理解的深度，采取行动的维度。

关注客户是华为价值的中心。从较高的层次上说，关注客户是指客户驱动创新；从较低的层次上说，关注客户是指满足客户的需求。

关注客户需要得到以下素质的支持。

- 理解他人素质：真正倾听和理解客户的潜在需求，而不是假设客户要求什么。

- 战略思考素质：规范华为对客户的反应。

- 适当地构建华为能力的素质群：确保整个部门或组织充分反应。

关注客户应存在于一种创造性的紧迫感中，这种紧迫感与结果导向素质和战略思维素质相联。在一定程度上，领导的结果导向素质通过帮助领导注重理解客户的业务，并维护客户的利润，支持了关注客户。另外，在选择应当充分满足哪些客户的需求上，领导需要慎重决策。考虑华为自身的利润，项目的商业潜力和它与华为战略的匹配性也应该影响领导对潜在的客户需求序列的反应。

层级一：对于明确的客户需求的反应

- 在明确理解客户需求和华为的产品与服务的基础上，获得需要的资源来满足客户的需求。

- 这里的客户需求非常简单，客户也能够充分理解。

- 基于先前的经验、案例或现有的产品，找到解决途径。

- 包括采取行动与潜在客户确立关系。

📝 **范例**

我们旨在解决客户问题的计划是成功的，却被延误了三个小时。11 点 30 分，系统得到完全修复。这其中牵涉很多技术性决定。我到达后才知道工程师担心得都哭了。他在不到 30 岁的年纪承受了很大的压力。当客户实施自己的计划时，我特意告诉信息中心的负责人："除了在场的几个人外，不要让任何人进入设备间，其他人都应该回到自己的岗位上，不要给他们制造更大的压力。"由于周围聚集了太多人，他的压力也变得更大。我也要求相关负责人对内部客户汇报进展情况，并请客户耐心等待。我需要不断地安慰他们，我相信客户也能够理解我们。最后，这个问题得到解决而且没有带来过多混乱，因为我们处理得非常小心。

层级二：解决客户的担忧

- 在理解客户需求以及华为产品／服务背后原理的基础上，为客户提供解决方案。

- 没有现成的产品或服务可以提供，需要对已有的方法／方案进行一定的改进或创造。

- 决策时要权衡风险。

- 出现客户服务方面的紧急情况时，可以迅速、果断地做出回应。

📝 **范例**

12月份，我们是第一个要谈判的，我并非主要谈判者。客户的主要谈判者是移动公司总经理，我们的主要谈判者是当地办事处的领导。客户说华为很好，但我们应该降低价格。谈判之后，我与移动公司总经理交流，以便更清晰地掌握客户的想法。他是一个友好的阿拉伯人，很自然地表露了想法。他告诉我，他们的领导很想和华为合作，但是华为的价格很高；他还告诉我价格应降多少。这对我们后期的谈判帮助很大。从那时起，我一直做谈判的幕后工作——听报告、与其他人做分析和降低价格。

层级三：想客户所想，发掘并满足客户新的需求

- 捕捉或澄清客户的兴趣点，通过协调华为的有关资源，找到解决

方案。

- 有时客户的需求是比较抽象或难以把握的，有时客户可能会表示一个需求但没有明确提出建议。

- 可与客户开展合作和互动，共同设计解决方案。

- 明确潜在客户的兴趣并做出行动，与客户建立合作关系。

✎ 范例

在 2002 年 10 月底举办的北京展览会期间，一位潜在客户的副总裁提到在网络传输中使用软交换。我认为这是一个机会，应该仔细分析我们的计划，搞清楚如何实施。我组建了一个小组来做这件事情。我们考虑了这个想法，却没有弄清楚。他说了那些话之后，我们的计划就清晰了很多。最终，在等了很长一段时间之后，我在 2003 年 3 月拜访了客户。在拜访过程中，我对客户方的副总裁介绍了有关本公司所做的 3G、软交换技术及办公室网关等概念。我所说的是关于整个 3G 网络的建设，尤其是移动软交换的应用，紧接着我也讲了具体的技术区别。重要的是，该总裁对他的下属说，要求下属用软交换建设长途电话网，但还没有结果。因此他倾向于与华为合作制订一个计划。

层级四：想客户所不想，创造性地服务客户

- 研究客户，发掘华为的潜力及客户的潜在需求，为客户提供全新的解决方案。

- 客户往往并没有意识到自己有这样的需求，或者没有想象到他们的问题可以被华为解决。

- 为客户的业务模式提供战略性的建议，成为客户的长期战略伙伴。

> ### 🖋 范例
>
> 　　我谈到我们如何取得成功以及站在客户的角度看什么是重要的因素。在这个领域，华为是一个新来者。如果我们想进入市场并与其他公司竞争，我们就要考虑客户的利益，要能准确地告诉客户为什么他们应该使用华为的产品。因此，我试着证明这个合同将如何使客户获得好处并将如何提高他们的利润。运营商选择华为是因为我们理解了他们的需求并且根据需求为他们设计了产品。客户在公开招标时并没有明确解决方案适用的环境，获得合同之后，我们开始分析这些设备如何在这些低收入水平的地区使用。以前，当运营商构建网络时，我们通常建造一栋建筑物、安装空调等，然后他们把一个大的橱柜放进房间——尽管橱柜的成本很高，但这样能够覆盖整个地区。因为这些地区的人口很少，所以其成本占收入的比

例很高。如果他们将 100 000 元人民币存在整栋建筑物上，将只有 30 000 元会被用来购买设备，剩余的 70 000 元则将被用来租赁土地、建造建筑物、布置建筑物和安装空调。考虑到这种情况，我们设计了一种小型产品，该产品是一个安装在户外的小盒子，它有一个内置的半导体热分散系统，并且防晒、防尘，从而为客户节约了大量的成本。

1.2 建立伙伴关系

定义：愿意并能够找出华为与其他精心选择的企业之间的共同点，与他们建立具有共同利益的伙伴关系，以便更好地为华为的客户服务。其他企业与华为可能只在该领域是伙伴关系，在其他领域则是竞争关系。合作的部分基于数量上的安全感，不想单打独斗、暴露自己及孤立于其他公司等。双方愿意合作，比任何一家公司单独来做都能更好、更完全地服务于客户，这是建立伙伴关系的基础。

维度：行动的完全性、与伙伴的亲密程度。

建立伙伴关系，尤其是与竞争对手建立伙伴关系是一种综合和复杂的素质，且需要其他多种素质的支持。除了下面提到的素质之外，有效伙伴关系的营造者还需要在情感上特别成熟，极具耐心，在处理所有谈判成败和实现与另外一家公司（不可避免地该公司有其自身的文化、历史和兴趣）的伙伴关系时具有灵活开放的态度。

如何与其他素质相联系

与竞争对手建立伙伴关系，比较像跨部门合作，只是难度更高。这是因为领导必须与来自不同的甚至是相互竞争的组织的领导配合，而不仅仅是与华为内部其他部门的领导合作。

建立伙伴关系几乎需要其他所有素质的综合支持：

- 在最高层级寻找信息素质（基本素质），选择一个伙伴并且了解该伙伴；

- 了解公司及其角色、市场、潜力等方面的信息；

- 从最高层级的战略思维素质角度，认识并了解伙伴企业的长期战略性潜力，超越常规界限来思考，这样可以认识到伙伴的战略兴趣；

- 关注客户，时刻想着客户的需求和建立伙伴关系的原因；

- 结果导向，确保合作伙伴做出成熟合理的商业判断；

- 理解他人，认真了解他人的理由、情感和兴趣，即便是跨越国界、公司文化和潜在竞争性的商业利益；

- 献身华为，要认识到华为的最佳利益在于一个良好的伙伴关系，要超越那种与竞争者对抗的狭隘的忠诚；

- 施加影响（基本素质），在最高的层级上说服伙伴、了解伙伴公司及其角色、市场潜力等；

- 以部分或所有构建华为能力素质群的因素获得华为的相关部门的支持，从而实现伙伴关系。

建立伙伴关系直接包含和支持了华为追求和睦产业环境的战略和价值。有效的伙伴关系也支持了客户关注和客户驱动创新。

层级一：对外开放，建立联系

- 与那些精心挑选的企业进行接触或建立友好关系，同时留意潜在的合作伙伴。审视环境以了解各种各样潜在的合作伙伴，他们的名声、市场地位、实力、规模及其他那些使其成为华为合适的合作伙伴的特征。这些都可能"推销"华为的潜力并确立华为对其他企业的声誉。

- 可能与其他公司的主管人员确立一种积极、友好的关系（在个人层面上）。

层级二：有对话

- 倾听潜在合作伙伴的想法并与其沟通交流，以寻求共同服务客户的合作机会。

- 表达华为的诚意，以及他们想成为小组一分子的意图。这个小组中的每个成员都相对平等。

层级三：共同确定伙伴关系

- 与合作伙伴一起确定合作关系的形式。

- 对于潜在的伙伴，要准确了解他们的文化、组织结构及市场地位，还要知道他们可能想或不想与华为合作的原因，以便确立合作的方式。

层级四：达成共识

- 商定一个共同获利的伙伴关系，并达成共识。使华为及其合作伙伴适应他们的组织和文化，以便伙伴关系良好运行。

2.构建华为能力素质群

2.1 鼓舞式领导

定义：通过推动团队成员关注要点、鼓舞团队成员解决问题以及运用团队智慧等方法来领导团队的行为特征。

纬度：授权及鼓舞团队的程度，集思广益的深度和发掘出团队能量的大小。

鼓舞式领导是华为团队领导层独特的组织形式，这种形式直接将个人领导能力与授予团队权利、释放集体力量和团队智慧相结合。该领导形式独一无二的特征是以一种相当结构化的持续方式来激发团队成员的贡献心、想法和忠诚感。

与其他素质的关联

在以下条件的支持下，鼓舞式领导的有效性能够得到提升：

- 理解他人，能够认识到并对团队成员关注的问题和他们的贡献做出反应、施加影响（基本素质），知道如何使他人同意你的观点；

- 寻找信息（基本素质），当出现一种状况或者某人提出一种观点时，探究其中的原因是否完全出于自己的好奇心和兴趣；

- 战略思维或结果导向，确保团队关注最重要的问题；

- 献身华为，确保团队关注没有超出对企业的关注。

鼓舞式领导对于获得任何组织成果，包括客户导向创新、建立外部的伙伴关系或提高服务质量、降低成本等，都是很关键的。

层级一：任务式领导

- 自我定位为团队领导，有效组织团队活动。

- 确保团队成员获知必要的信息。

- 明确团队成员的职责和工作任务。

- 确保团队成员能够获得足够的资源来完成工作。

层级二：设定期望

- 明确团队合作的行为准则。

- 通过建立团队运作的方法和机制，帮助团队能力得到持续提升。

- 公开表达对团队成员的赞赏和积极的期望。

- 逐渐培养团队成员及时反馈的意愿和习惯。

层级三：授权于团队

- 建立开放、民主的团队氛围。

- 鼓励成员集思广益、畅所欲言。

- 在充分了解自身优势和局限的基础上发挥集体智慧。

- 主动采取各种有效的方法在团队内部解决冲突和矛盾。

- 充分授权团队解决问题，并利用各种方法培养团队成员解决问题的意愿、能力和信心。

在跨文化工作中，能主动采取措施促使不同文化的团队成员相互融合，并且帮助外籍员工有效、快速地融入华为，以及提高中国员工的文化包容性。

层级四：鼓舞士气

- 用生动有力的比喻或故事等多种方式来分享经验、鼓舞士气、指明方向。

- 重新勾画团队的整体观点，特别是在所有团队成员产生了负面感受或者不能达成共识的时候。

- 用激动人心的远景激励成员，使团队成员对团队使命表现出极大的热情与奉献精神。

2.2 塑造组织能力

定义：以不断提升组织能力、流程和结构为行为特征。

纬度：变化的冲击。

当我们说鼓舞式领导是激励团队成员，使其发挥出最好潜力时，塑造组织能力就是投入自己的时间和精力来丰富团队的技巧与能力。塑造组织能力从认识到问题开始，到提高现有人员的能力，通过获得当地合适的人力资源来提高工作绩效，再通过调整工作和组织结构来从整体上提高效率。

与其他能力的联系

塑造组织能力受以下因素的支持：

- 理解他人，评定团队的实力和需求，有效地分配好每个人的角色；
- 战略思维和（或）结果导向，确保组织的改进有益，并且与整体战略息息相关。

塑造组织能力能从整体上改善组织的绩效（结果导向），可能需要它支持那些具体的尝试，如支持客户需求和客户驱动创新（关注客户），或使组织以一种特殊的方式来适应与外部伙伴一起工作（建立伙伴关系）。

层级一：识别需改进的领域

清晰辨别并理解有关组织能力方面的问题，如绩效管理系统、人员发展需求、组织设计和流程等方面。

层级二：教导团队

- 为了提高团队成员个体水平及团队整体水平而教导团队。
- 以个人经验分享、案例学习或传授一些特殊技巧等方式推动团队实现公司的整体目标（如构建鼓励学习英语的程序）。

层级三：匹配资源

- 获取恰当的资源进行能力建设。

- 考虑职位需求、诊断问题、了解个人特长，为岗位找到最适当的资源。

- 根据个人特点重新设计岗位（包括职责、任务等），以便进行完美的匹配，使岗位任职者可以最大程度地发挥自己的水平。

层级四：进行组织或流程的重新设计，以持续提升绩效

- 进行组织、系统或流程重建，建立跨部门团队，以提升组织能力或效率。

- 使员工形成对组织重组的承诺，如开展公开的研讨，听取那些可能受到影响的员工的担心并做出回应。

2.3　跨部门合作

定义：是一种为了形成端到端解决方案而愿意与其他团队合作、提供支持性帮助并获取其他部门承诺的行为特征。

纬度：在华为内部团队之间达成解决方案需要的努力程度，这里的解决方案不是只对华为的某个部门有利，而是对整个华为有利。

跨部门合作是一种能力，这种能力使得一个人能超越界线及自身或部门的利益采取行动，以便形成端到端的交流和解决方案。任何组织只要试图形成端到端的解决方案，就会产生很多跨部门或跨职能难题，如意见不统一、交流协作失败、利益冲突。跨部门合作是一种很难掌握和应用的素质，对顺利解决这些难题是很关键的。有时，个体或部门必须相信为了企业的整体利益将使每个人都获益，即便是从短期来看，大部分有利的解决方案与个体或本部门的利益相悖。

与其他素质的联系

跨部门合作受到以下素质的支持（虽然这些素质不足以形成合作，因为除了辅助性素质之外，形成合作还需要一种特殊的态度）：

- 理解他人，注意听取其他部门的顾虑；

- 发现信息，挑出那些有助于理解其他部门或找到有益的解决方案的信息；

- 施加影响，如实表达某部门的担忧；

- 献身华为，把整个企业的利益放在第一位；

- 结果导向和（或）战略思维，引导并关注困难的解决。

为支持客户需要（关注客户）的端到端解决方案，或为实现外部的伙伴关系（建立伙伴关系），通常需要跨部门合作。跨部门合作对扩展战略思维的主要内容也是有必要的，它从只考虑个人自身利益扩展到考虑整个企业的利益。华为内部频繁的跨部门职业流动有助于跨部门合作。因为在其他部门有工作经验的人员，会帮助他们理解那些部门的忧虑和观察问题的视角，不过这种好处在数据中还没有反映出来。

层级一：尊重他人

- 尊重并给予他人发表不同观点的机会和权利。

- 在合作中主动贡献自己的观点，以便尽快达成共识。

层级二：处理冲突

- 在发生冲突时能坦诚相见，愿意为获取最佳方案做出妥协。

层级三：寻找双赢

- 在跨部门的团队合作中，能够利用自身资源，积极配合其他部门的工作，寻找可以满足两个部门需求的双赢的解决方案。

层级四：整体利益最大化

- 从长远利益出发解决团队间的争执或冲突。
- 牺牲团队利益，实现整体利益最大化。

3. 构建个人能力素质群

3.1 结果导向

定义：是一种关注最终目标，并关注可以为华为带来最大利益的行动的行为特征。

纬度：挑战及表现所带来的利益程度。

结果导向反映了领导"像商人一样思考"的能力，考虑这个决定在财务上的意义，以支持他们及团队关注目标和决定将给企业带来的最大净利润。

与其他能力和技巧的关系

- 商业敏锐：商业知识（投入回报、净利润及其他的财务指标）、商业实践和真实的市场知识支持结果驱动，并影响潜在的成就驱动力，使之变成商业结果导向的素质。

结果导向应该指导领导者几乎所有的决定，无论是如何使组织变得更好（塑造组织能力）；如何支持客户的业务（客户导向）；做出哪一个战略性选择（战略思维）；或是在什么条件下，形成什么样的伙伴关系（建立伙伴关系），等等。

层级一：把事情做得更好

- 用更快、更有效的方法达到业务目标。

层级二：设定并实现挑战

- 主动设定并完成有难度但可实现的目标。

层级三：作业成本／效益分析

- 在仔细权衡投入和产出后，做出决定，采取行动使组织获得最大利益。

层级四：敢于冒险

- 为了提高效益，在不确定的情况下，敢于投入相当数量的人力、物力和财力。

3.2 献身华为

定义：为了支持华为公司的发展目标，愿意并能够承担任何职责的挑战的行为特征。

纬度：为了支持华为公司所表现出来的献身程度。

献身华为是指个人投身于华为，对企业显示忠诚和奉献，为成为企业的一分子而感到骄傲，甚至视个人与企业为一体。在华为，献身经常体现为一种独特的方式，即乐于接受一项个人认为没有准备好的工作或任务，而这仅仅因为公司需要人来完成这项工作。

献身是个人的部分特征，但是它可以由企业本身引起或使之丧失。当个人价值与企业表现或实现的价值一致时，献身行为可得到促进。

献身华为也是跨部门合作素质的基础，促使领导关注什么才能对组织更有益。

层级一：主动融入组织

- 尊重华为的传统做法，做符合期望的事情。

层级二：推广华为的形象

- 尊重并认同华为认为重要的事情。

- 表达作为华为一员的骄傲、愉快和应有的奉献精神。

- 在外界面前维护或提高华为的信誉。

层级三：支持华为

- 根据华为的目标和需要决定自己在工作中的选择。

- 与他人合作以实现更高一层组织的目标。

层级四：做出牺牲

- 牺牲小我，成全大我。

- 愿意接受新挑战。

3.3　战略思维

定义：在复杂、模糊的情境中，用创造性或前瞻性的思维方式，识别潜在问题、制定战略性解决方案的行为特征。

纬度：

- 概念化的复杂程度。

- 对所认知的模式的洞察力或创新能力。

在战略思维中，领导者"像商人一样思考"，搞懂众多的事件和机会以使商业计划或方案清楚明了。当这种素质不断成长时，领导者会从找到有效、富有创造力的方法实施别人设定的战略，转变到自己对经营工作做出一个清晰的战略规划。

与其他素质和技巧的关联

战略思维由以下素质支持。

- 分析思考：这是一种基本能力，便于理解如何分解问题。

- 商业敏锐：对当前市场情况、商业模型和相关商业实践，如投资回报等概念的理解。

对领导者来说，战略思维是关键的，它能确保企业的精力与努力被聚焦到对整个企业的成功最重要的领域。因此，战略思维会支持和引导塑造华为能力的素质群，以及领导者想建立的外部伙伴关系。

层级一：通过辨别模式来实施战略

- 能够看到事物的全貌、发展趋势及缺失的部分，或能够辨别两种情况之间的异同之处。

- 这里包括发现机会去实施现有的战略（识别类似情况），以及预测到战略实施过程中不断变化的需要（识别不同情况）。

层级二：运用复杂的概念去实施战略

- 理解有关模式的知识、经验，并利用它解释现有的情况，或实现战略目标。

- 运用概念性、原则性的方法提升组织能力（如投资收益分析、市场调研、战略分析或者从商业学院等地方学习到的方法），或者发现模糊的市场机会。

层级三：深入浅出的洞察战略

- 能够将复杂的观点或情况简单化、通俗化。

- 能够将复杂的信息"化繁为简",做出清晰明确的解释。

- 运用这样的洞察力开发出新的战略性观点。

层级四:对业务进行结构性的变革或创造新的战略概念

- 创造新的、别人没有发现的战略概念。

- 用全新的眼光看待事物。

- 创造对自己所在行业及市场的全新理解。

3.4 理解他人

定义:这是一种准确捕捉和理解别人没有直接表露或只是部分表达出来的想法、情绪及对其他人的看法的行为特征。该素质既可以衡量理解他人的深度和透彻程度,也包括对文化差异的敏感性。

纬度:彻底了解其他人的具体事宜。

理解他人一般不会直接影响商业结果,但它是很多影响商业结果的关键素质的基础。准确理解他人的能力是影响、合作、服务、建立伙伴关系或领导他人的前提。

理解他人对以下素质来说是重要的起点。

- 施加影响(基本素质):理解不同的说服技巧会如何影响听众。

- 构建组织能力:评价需求、匹配人与职务。

- 跨部门合作:理解其他部门的观点,并考虑在内。

- 鼓舞式领导:了解领导的员工,知道如何让他们一起工作。

- 关注客户：理解客户的需求和感受，做出适当的反应，并与客户建立良好的工作关系。

- 伙伴关系：理解潜在伙伴的看法，与他们建立良好的工作关系及解决潜在的矛盾。

层级一：体会情绪

通过对肢体语言、面部表情和说话语气等方面的理解来体会别人的情绪。

层级二：理解情绪和内容

既能理解别人的情绪（通过对肢体语言、面部表情和说话语气等），也能理解别人关于工作或其他方面讨论的内容。

层级三：理解意图

把握别人没有公开表达出来或者表达得含混不清的想法和情绪。

了解别人主要的个性特征或优点（既不是一个"平衡评价"的结果，也不是简单地对某个缺点的抱怨）。

层级四：深度理解

对他人行为产生的原因有深入的了解。

理解导致别人目前或长期以来的感受、想法、行为或担心的原因。

能够全面认识他人，在基于对他人深刻了解的基础上，客观评价对方的优点和缺点。

为了让管理者们能够掌握这些比较专业的方法，在华为领导力模型建模的过程中，会让很多业务干部参与，这也是华为管理变革的一个特点。对于领导力素质的评价，不像一般写评语，用一些非常通用的、非常含糊、放之四海而皆准的评价，而是要求必须基于具体的事例。在这些方面华为的管理层干部自上而下对华为的领导力模型都进行了深入系统的学习。

华为的领导力模型是一个系统性工程，已融入各级干部管理体系中，从公司整体上运用流程高效地完成了内部的任务分工、规划与执行、干部提拔和聘用、利益的分配与激励等任务，最大限度地降低了人为能力差异造成的局限性。

三、华润集团领导力素质模型

华润集团自 2008 年起开始大力发展领导力。华润集团领导力的发展大致可以分为以下三个主要阶段。

第一阶段：建立领导力素质模型。有了模型，就有了选拔和培养领导者的标准，这是领导力发展的起点。

第二阶段：建立测评与发展中心。这是素质模型落地非常重要的方式，真正实现了基于模型的测评与发展。

第三阶段：建立基于素质模型的完整的领导人才选、育、用、留机制和流程。将领导力的发展流程同战略流程、运营流程、文化塑造流程等实现无缝链接。

华润集团领导力模型是在咨询公司的帮助下构建起来的，历时一年多。集团于 2008 年 12 月召开了领导力模型发布会。

华润集团领导力模型的对象是独立负有经济责任和管理责任的"一把手"（含董事长和总经理），包括三批人及其有潜力的继任者：集团领导；一级利润中心及部室总经理；一级利润中心区域总经理、城市公司总经理、部门总经理，包括厂长等。

1. 华润集团领导力素质模型解读

（1）华润集团领导力素质模型如图 2 所示。

华润集团领导力素质模型
CRC Leadership Competency Model

赢得市场领先
• 为客户创造价值
• 战略性思维
• 主动应变

创造组织优势
• 塑造组织能力
• 领导团队
• 跨团队协作

引领价值导向
• 正直坦诚
• 追求卓越

图 2 华润集团领导力素质模型

"创造组织优势"及"引领价值导向"位于模型图形底部，分别代表企业内部硬实力和软实力，是企业生存及发展的根基；"赢得市场领先"位于图形顶部，既是企业努力的方向，也是企业的战略目标。

三个"人"字构成了一个朝上的箭头形状，体现了华润积极向上、动态有活力的精神内涵；三个"人"字体现了华润人力资源核心价值观：尊重人的价值、开发人的潜能、升华人的心灵；一个"众"字体现了华润领导力不仅是指个人领导力，同时也强调团队领导力、组织领导力。

（2）色系

琥珀黄——赢得市场领先：琥珀黄代表朝气、积极、领先、收获和成果。

蓝色——创造组织优势：代表规则和程序，组织优势是指企业的战略、文化、制度、流程、机制。

绿色——引领价值导向：绿色代表生命和生机，价值导向是领导者的生命之本，是华润基业常青的根基。

2. 华润集团领导力素质模型内涵解读

华润集团领导力素质模型由三大类、八大项素质组成，每个素质包括一个定义、素质分级的维度及四个层级。

第一类：赢得市场领先

（1）为客户创造价值

定义：以客户为中心，研究并洞察其需求，不断驱动产品和服务的改善与创新，为客户创造价值，赢得忠诚的客户。

维度：对客户需求的满足程度。

（注释：在这里客户指的是外部的客户）

华润"为客户创造价值"的四个层级如表 5 所示。

表 5　华润"为客户创造价值"的四个层级

层级	关键词	行为描述
层级四	引领需求，创新价值	• 前瞻性地预测客户需求可能的发展趋势，提前做出筹划，引领客户需求 • 与客户缔结利益共同体，与客户建立长期的双赢战略伙伴关系，共同应对未来挑战，携手客户获得长期成功 • 重塑产业价值链，为客户提供创新的增值服务
层级三	洞察潜在需求，超越客户期望	• 基于对客户需求的深入研究，发现客户的潜在需求，通过额外的努力，完成对客户的服务，使客户感受到超出期望的服务质量 • 根据客户的需求，在不增加客户开支及不损害公司利益的前提下，提供超值的解决方案、产品或服务 • （注释：潜在需求指的是客户已经意识到的需要但还未寄希望会被满足）
层级二	不断反思及改进对客户的服务	• 主动反思产品和服务中的问题，并提出改进措施 • 从客户提出的问题中，找出制度和流程中的漏洞，通过制度和流程的改进，保障产品和服务的持续优化，从根本上解决问题 • 和客户保持密切联系，以主动沟通、倾听客户观点等方式，总结及反思对客户服务的改进
层级一	提供满意的服务，响应客户的要求	• 迅速响应，以真诚、负责的态度及时提供令客户满意的服务和产品 • 当客户提出问题时，以首问负责的态度为客户处理问题

（2）战略性思维

定义：面对各种情境，基于数据信息，运用多种思维方式，系统性地形成对业务的认识和判断，并做出有创意的战略性决策。

维度：围绕思考的广度、深度。

华润"战略性思维"的四个层级如表 6 所示。

表 6　华润"战略性思维"的四个层级

层级	关键词	行为描述
层级四	洞察趋势 突破思维	• 判断本行业未来 3~5 年的变化趋势，进行突破性思考，指出战略方向 • 颠覆性思考，创新商业模式，重新定义行业格局
层级三	全局思考 把握本质	• 从全局的角度平衡各种因素的利弊，运用情景规划的方式思考不同战略的可行性，找出最佳战略 • 在多变情境中，迅速抓住业务成败的核心因素，进行灵活的战略调整 • 从多个维度进行思考，找到实现战略目标的杠杆
层级二	深刻分析 发现规律	• 运用结构性管理工具对行业、市场、产品、客户进行分析 • 通过各种方式发现业务或行业规律 •（注释：这里说的规律是指一些表面的周期性或常理性的现象或特点，如果是探讨现象背后的深层原因，则属于对本质的探讨）
层级一	指出联系 分清主次	• 基于数据信息分析，看清行业、市场、产品、客户等不同因素之间的直接关联 • 基于战略目标进行优先级判断，分清主次

（3）主动应变

定义：预见未来可能存在的挑战或机遇，并且主动进行谋划布局，争取并整合资源，致力于问题的解决。

维度：预见未来挑战的难度和解决问题的难度。

华润"主动应变"的四个层级如表 7 所示。

表 7　华润"主动应变"的四个层级

层级	关键词	行为描述
层级四	预见机遇或挑战，果断决策	• 在充分判断未来长期收益的基础上敢于果断做出决策 • 主动跳出现有运作框架，预见未来机遇或挑战 • 充分调动、组合所有可利用资源，以把握机遇或降低风险
层级三	灵活应变，坚定不移地完成既定目标	• 运用多种可行性方案，争取整合各种资源，坚定持久地采取行动 • 在逆境中沉着应对、处理突发性和复杂的事件，灵活改变工作计划，并有效推进工作，坚持达成原定的目标
层级二	设定中长期行动目标，制定行动方案	• 设定中长期目标，构思细化方案，考虑关键节点，并据此制定行动方案 • 建立长期的监控机制，以保障方案的有效执行
层级一	积极正向、直面问题	• 主动思考日常工作中存在的问题，并采取相应的行动去解决 • 以正向的心态看待日常工作中的困难，直面问题，不退缩，不逃避

第二类：创造组织优势

（1）塑造组织能力

定义：根据企业整体战略、文化、价值观的要求，建立并持续优化、完善组织架构、业务与管理流程、团队人才发展机制等，落实战略、文化、价值观，提升组织能力，从而形成难以复制的竞争优势。

维度：塑造手段的复杂性、与战略的匹配程度。

华润"塑造组织能力"的四个层级如表 8 所示。

表 8　华润"塑造组织能力"的四个层级

层级	关键词	行为描述
层级四	传播落实文化价值观、打造难以复制的组织优势	• 深刻意识到公司文化、价值观的重要性，通过持续不断地在组织内宣传贯彻、身体力行等方式，在组织内落实公司文化和价值观的要求 • 打破组织壁垒和层级，推动建立独特的组织文化，如无边界沟通的跨组织协作文化、以集体反思为核心的组织学习文化等
层级三	聚焦战略目标，建立战略中心型组织	• 以战略为中心，构建组织架构、业务与管理流程、团队人才发展机制等，保持业务战略与组织建设的一致性 • 深刻理解公司战略，时时督促和检查组织内的组织架构、流程、人才发展等机制是否符合公司战略要求
层级二	整体规划，系统地提升组织有效性	• 规划并建立组织架构、业务与管理流程、团队人才发展等组织机制 • 建立组织能力提升的动态调整和监督机制，如设定组织能力提升的目标，并定期持续评估和跟踪
层级一	以组织能力的视角看问题，局部改善调整	• 当问题发生时，不仅解决具体问题，而且利用组织架构、业务与管理流程、团队人才发展机制等工具进行局部调整，以避免问题再次发生 • 调查、了解并思考组织在组织架构、业务与管理流程、团队人才发展机制等方面存在的问题

（2）领导团队

定义：明确团队目标，建立规则和体系，实现团队有序运作，并激励团队，培养团队能力，有效提升凝聚力，最终打造高绩效团队。

维度：团队有效性的程度、团队领导的影响程度。

华润"领导团队"的四个层级如表 9 所示。

表9　华润"领导团队"的四个层级

层级	关键词	行为描述
层级四	凝聚团队灵魂，打造高绩效团队	• 通过身体力行的方式或象征性的事件，塑造、落实团队文化和价值观 • 通过持续地描绘、阐述愿景和使命，不断感召、激励团队，营造高绩效的工作氛围 • 采取多样的领导风格，针对不同团队成员的特点和不同工作情境的要求，打造高绩效的团队
层级三	优化团队运作机制，确保团队高效运作	• 系统地评估、发现团队的薄弱之处，并采取措施加以改善，如优化团队配置等 • 优化团队运作机制，如建立奖惩规则、协作流程制度等，并有效落实 • 制订团队人才发展培养计划，建立人才梯队
层级二	促进团队互动，创造学习氛围	• 倡导团队合作，群策群力，鼓励团队积极互动 • 分享经验，促进成员之间的合作，帮助团队成员化解冲突 • 为团队能力提升提供学习资源，创造有利的学习环境与氛围
层级一	明确工作标准，时时监督反馈	• 明确团队工作任务、目标及具体要求，并明确团队成员各自的任务及角色 • 合理授权，对任务的执行过程进行检查，并给予反馈 • 坚持绩效标准，做到赏罚分明

（3）跨团队协作

定义：尊重和认可跨团队的成员，并与之通力协作，提供相互支持与帮助，以实现资源共享，发挥组织的协同优势，提升核心竞争力。

维度：协作的难度，协作所产生的效果。

（注：跨团队指的是跨部门、跨业务单元。）

华润"跨团队协作"的四个层级如表10所示。

表 10 华润"跨团队协作"的四个层级

层级	关键词	行为描述
层级四	建立持久合作机制，产生多元化协同效应	• 通过不断协商、总结与反思等方式，创造多元化业务协作模式，建立持久的跨团队合作机制 • 坚持大华润视角，打破边界，产生多元化协同效应，形成集团核心竞争优势
层级三	不计局部得失，积极化解冲突	• 在出现问题或矛盾时，保持沉着冷静，平衡灵活性和原则性，时刻关注整个集团的长远利益，不计较自身利益的损失 • 探求双赢方案，鼓励并引导化解跨团队合作中的利益冲突
层级二	相互支持，建立合作	• 了解跨团队的资源分布情况，在工作中有意识地寻求跨团队的支持，当其他团队需要支持时，亦提供帮助 • 通过共享资源等方式，建立初步、临时的跨团队合作
层级一	彼此尊重，相互学习	• 尊重跨团队成员的多元化价值观与背景，认可他人的努力和成绩 • 愿意向其他团队的同事学习，认真地向他们征求意见和建议 • 积极主动地与其他团队的同事分享最佳实践，以求实现共同提高

第三类：引领价值导向

（1）正直坦诚

定义：做人坦诚，敢于讲真话，处事公正，坚持原则，为公司争取利益，不畏权威。

维度：行为的难易程度、所承受外界压力的大小。

华润"正直坦诚"的四个层级如表 11 所示。

表 11 华润"正直坦诚"的四个层级

层级	关键词	行为描述
层级四	不畏权威,犯颜直谏	• 为公司整体或长远利益考虑,即使可能危及个人利益或面临权威的巨大压力,仍勇于提出和坚持个人意见 • 当上级的言行失当,可能危害组织的利益或违背组织的原则时,敢于直谏
层级三	直面冲突,坚持原则	• 面对冲突和分歧时,不回避矛盾,敢于表明并坚持个人观点,能够客观公正地做出决策 • 面对利益诱惑时,坚持职业操守,不为所动
层级二	处事公正,诚实可信	• 待人处事公平公正 • 言行一致,能够遵守对他人的承诺
层级一	遵守规则,坦率真诚	• 遵循组织规则,做事规范 • 坦率真诚,说真话,说实话,能主动分享信息、观点和评价

（2）追求卓越

定义:勇于不断挑战自我,设定更高、更具挑战性的目标,突破与超越过去的成绩,积极主动地追求更加卓越的业务结果。

维度:设定目标的难度、自我挑战的程度。

华润"追求卓越"的四个层级如表 12 所示。

表 12 华润"追求卓越"的四个层级

层级	关键词	行为描述
层级四	挑战不可能的任务,颠覆性超越自我	• 即使在看似不可能达成的情况下,如超越或引领世界或行业顶级水准,也勇于承担风险,同时积极投入必要的精力与资源,缜密分析风险点与详细计划,以求最大可能地达成目标 • 不迷信权威,不受制于自己已经取得的成就,勇于颠覆性突破及超越自我

（续表）

层级	关键词	行为描述
层级三	迎难而上，主动设定或承担挑战性目标	• 主动为自己订立具有挑战性的目标并积极采取具体行动去实现目标 • 勇于迎难而上，主动带头承担公司设定的挑战性目标，为其他团队成员起模范带头作用 • （注：挑战性目标是指预计在努力的状态下能达成的目标，达成目标的可能性只有80%）
层级二	不满足于现状，持续改进以提高效率	• 不满足现状，主动思考工作中仍能提高的地方，并积极采取行动，付诸实践 • 通过对工作程序、规章制度及工作方法等做出具体的改进，有效提高工作效率和质量，超越预期的业绩目标
层级一	乐业敬业，坚持高质量地完成工作	• 乐于接受工作安排或任务，愿意付出额外时间完成工作内容 • 对于常规的事务性工作，不厌其烦，保证高标准、高质量完成

四、万科领导力资质模型

万科的胜任力模型在其内部被称为资质模型，共有七套，包括通用资质模型、管理与领导力资质模型、营销资质模型、项目发展资质模型、规划设计资质模型、工程管理资质模型、客户关系资质模型。这七套资质模型形成了比较完善的人才标准体系，如图3所示。

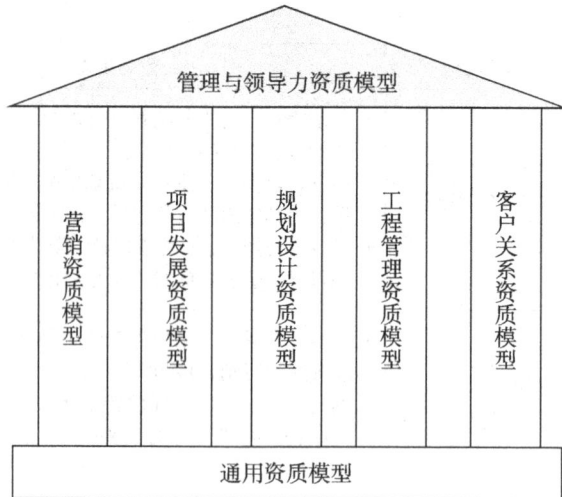

图 3　万科资质模型体系图

每套资质模型包含非常多的指标，具体如表 13 所示。

表 13　万科资质模型指标

模型名称	指标类别	指标名称
通用资质模型	超越	前瞻思维、学习成长、接纳创新、追求卓越
	专业	内在动力、职业操守、合作意识、开放沟通、品牌认同、客户导向
管理与领导力资质模型	管理	人际理解、发现优势、组织执行、教练指导、激励卓越
	领导	战略思维、市场敏锐、有效决策、关系能力
营销资质模型	发现市场机会	市场敏锐、商业判断
	实现生活价值	说服论证、专业造诣
	赢得客户忠诚	人际理解、价值最大化
项目发展资质模型	内部推动	投资分析、坚韧执着、专业造诣
	外部拓展	市场敏锐、谈判交涉、人际交往能力
规划设计资质模型	规划	专业造诣、商业判断、格调追求
	实施	谈判交涉、组织执行、问题解决

（续表）

模型名称	指标类别	指标名称
工程管理资质模型	采购招标	成本意识、谈判交涉
	现场监控	组织执行、质量意识、专业造诣
客户关系资质模型	理解客户	人际理解、诉求界定
	维护忠诚	快速反应、情绪管理、坚韧执着、情感支持、问题解决

每一条资质都附有一定数量的境界描述。这些境界按稀有度分为 2~3 个等级，并用星数表述。一颗星表示稀有度为三级（比较常见）。星数最高为三，表示达到此种境界的人非常少见。

由于篇幅有限，本书只介绍万科领导力资质模型中的四个指标。

1. 战略思维

定义：界定团队的短期或长期工作目标以及寻找达成该目标的方法的能力。

☆

A. 理解企业整体的战略目标。

B. 分析得出企业的发展和竞争策略指向的战略目标。

☆ ☆

C. 围绕企业整体的战略目标制定自己团队的战略目标，使后者为实现前者而服务。

D. 对自己的产品和服务作区域战略定位，使之和其他竞争对手存在区别。

E. 围绕自己制定的战略目标和战略定位思考发展与竞争策略。

☆ ☆ ☆

F. 根据战略执行情况快速、灵活地调整策略，甚至更改原定目标。

资质来源：战略演绎、行为信息分析、岗位信息分析、资质库回顾

万科战略思维指标如表14所示。

表14 万科战略思维指标

境界	难度	权重	递进关系	可测评性	可培训性	资质成分
A. 理解企业整体的战略目标	※	0.0909	A→B A→C C→E	☺ 情境模拟	☺ 发展中心	知识技能
B. 分析得出企业的发展和竞争策略指向的战略目标	※※	0.0909				
C. 围绕企业整体的战略目标制定自己团队的战略目标，使后者为实现前者而服务	※※	0.0182				行为模式/思维模式/情感模式/个性/风格
D. 对自己的产品和服务作区域战略定位，使之和其他竞争对手存在区别	※※	0.0182				
E. 围绕自己制定的战略目标和战略定位思考发展和竞争策略	※※※	0.0182				
F. 根据战略执行情况快速、灵活地调整策略，甚至更改原定目标	※※※	0.273				态度/价值观/动机/内驱力

2. 市场敏锐

定义：对政策、行业信息、竞争对手、人文、地域差异性等的敏感性；对市场需求和变化趋势把握准确。

☆

A. 主动收集有关政策、行业、竞争对手、人文、地域差异性等信息。

☆ ☆

B. 从表面上与市场无关的信息中获得对市场的启示。

C. 依据不同假设推测市场发展的不同版本。

☆ ☆ ☆

D. 发现供需空档和商业机会。

资质来源：战略演绎、行为信息分析

万科市场敏锐指标如表 15 所示。

表 15　万科市场敏锐指标

境界	难度	权重	递进关系	可测评性	可培训性	资质成分
A. 主动收集有关政策、行业、竞争对手、人文、地域差异性等信息	※※	0.125	A → B A → D	☺ 情境模拟	☺ 发展中心	知识技能
B. 从表面上与市场无关的信息中获得对市场的启示	※※※	0.25				行为模式 / 思维模式 / 情感模式 / 个性 / 风格
C. 依据不同假设推测市场发展的不同版本	※※※	0.25				
D. 发现供需空档和商业机会	※※※	0.375				态度 / 价值观 / 动机 / 内驱力

3. 有效决策

定义：在不确定和有风险的情况下，及时权衡利弊做出抉择。

☆

A. 快速决策。

B. 不推诿决策。

☆ ☆

C. 在信息不充分的情况下敢于决策。

D. 预估不同决策对公司和部门发展带来的影响，权衡利弊后做出决定。

☆ ☆ ☆

E. 面对各种矛盾信息，能够区分主次、抓大放小，快速做出决策。

F. 在决策执行的过程中，能够根据新信息随时调整决策。

资质来源：行为信息分析、资质库信息分析

万科有效决策指标如表 16 所示。

4. 人际交往能力

定义：出于公司利益而非个人喜好，通过努力，与客户、政府、合作伙伴等建立个人关系。

☆

A. 与客户或合作伙伴保持频繁联络（如电话问候、节日祝福等）。

表 16 万科有效决策指标

境界	难度	权重	递进关系	可测评性	可培训性	资质成分
A. 快速决策	※	0.0833	B → C	☺ 情境模拟	🙂 发展中心	知识技能
B. 不推诿决策	※	0.0833				行为模式／思维模式／情感模式／个性／风格
C. 在信息不充分的情况下敢于决策	※※	0.167				
D. 预估不同决策对公司和部门发展带来的影响，权衡利弊后做出决定	※※	0.167				
E. 面对各种矛盾信息，能够区分主次、抓大放小，快速做出决策	※※	0.25				
F. 在决策执行的过程中，能够根据新信息随时调整决策	※※※	0.25				态度／价值观／动机／内驱力

B. 有目的地参与或组织社交活动（如私人聚会、团体活动等）。

☆ ☆

C. 通过努力拉近与对方的心理距离（如求助、利用自己和对方的相似性等）。

D. 选择关系对象时以工作利益为前提，不按个人喜好进行选择。

E. 为了形成关系或加强关系而运用关系资源（如通过A介绍认识B）。

F. 当发现自己和对方的关系可能受损时，积极采取各种措施进行弥补。

☆ ☆ ☆

G. 给予对方情感上的支持（如替人解决生活或工作上的小问题，在对方困难的时候鼓励对方）。

资质来源：行为信息分析、资质库信息分析

万科人际交往能力指标如表 17 所示。

表 17　万科人际交往能力指标

境界	难度	权重	递进关系	可测评性	可培训性	资质成分
A. 与客户或合作伙伴保持频繁联络（如电话问候、节日祝福等）	※	0.0769		☺ 情境模拟	☺ 发展中心	知识技能
B. 有目的地参与或组织社交活动（如私人聚会、团体活动等）	※	0.0769				
C. 通过努力拉近与对方的心理距离（如求助、利用自己和对方的相似性等）	※※	0.154				
D. 选择关系对象时以工作利益为前提，不按个人喜好进行选择	※※	0.154				行为模式/思维模式/情感模式/个性/风格
E. 为了形成关系或加强关系而运用关系资源（如通过 A 介绍认识 B）	※※	0.154				
F. 当发现自己和对方的关系可能受损时，积极采取各种措施进行弥补	※※※	0.154				
G. 给予对方情感上的支持（如替人解决生活或工作上的小问题，在对方困难的时候鼓励对方）	※※※	0.231				态度/价值观/动机/内驱力

五、阿里巴巴价值观之"六脉神剑"

阿里巴巴胜任力模型中知名度最高的当属价值观模型"六脉神剑"。2019 年，阿里巴巴在成立 20 周年时，对核心价值观模型"六脉神剑"进行了更新迭代，新模型被称为"新六脉神剑"。

阿里巴巴新旧"六脉神剑"对比情况如表 18 所示。

表 18　阿里巴巴新旧"六脉神剑"对比情况

新六脉神剑	旧六脉神剑
客户第一，员工第二，股东第三	客户第一：客户是衣食父母
因为信任，所以简单	团队合作：共享共担，平凡人做非凡事
	诚信：诚实正真，言行坦荡
唯一不变的是变化	拥抱变化：迎接变化，勇于创新
今天最好的表现是明天最低的要求	激情：乐观向上，永不放弃
此时此刻，非我莫属	敬业：专业执着，精益求精
认真生活，快乐工作	——

由于笔者认为旧版的"六脉神剑"更为经典，因此在此分享的是旧版"六脉神剑"全文（如图 4 所示）。

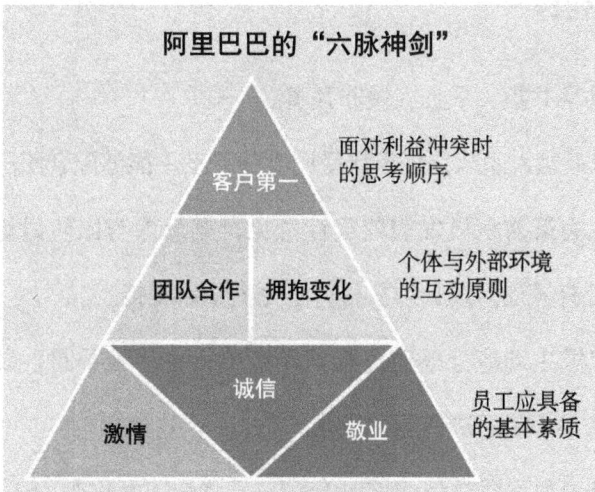

图 4　阿里巴巴的"六脉神剑"

1. 客户第一

定义：客户第一，客户是衣食父母。

1分：尊重他人，随时随地维护阿里巴巴的公司形象。

2分：微笑面对投诉和受到的委屈，积极主动地为客户解决问题。

3分：在与客户交流的过程中，即使不是自己的责任，也不推诿。

4分：站在客户的立场思考问题，在坚持原则的基础上，使客户和公司都满意。

5分：具有超前服务意识，能够做到防患于未然。

说明：客户的定义包括内部客户、外部客户，如购买产品或服务的客户，在工作中和你合作的同事，供应商和应聘者等。

2. 团队合作

定义：共享共担，平凡人做非凡事。

1分：积极融入团队，乐于接受同事的帮助，能够配合团队完成工作。

2分：在决策前积极发表建设性意见，充分参与团队讨论；决策后，无论个人是否有异议，都必须从言行上完全予以支持。

3分：积极主动地分享业务知识和经验；主动给予同事必要的帮助；善于利用团队的力量解决问题和困难。

4分：善于和不同类型的同事合作，不将个人喜好带入工作，充分体现"对事不对人"的原则。

5分：有主人翁意识，积极正面地影响团队，改善团队士气和氛围。

说明：即使本部门合作情况很好，如果在跨团队合作时本位主义严重，也是不行的。

3. 拥抱变化

定义：迎接变化，勇于创新。

1分：适应公司的日常变化，不抱怨。

2分：面对变化，理性对待，充分沟通，积极配合。

3分：对变化产生的困难和挫折，能自我调整，并正面影响和带动同事。

4分：在工作中有前瞻意识，建立新方法、新思路。

5分：创造变化，并带来绩效水平的突破性提高。

说明：不抱怨并非是指遇到问题时不能讲出来，这里说的高质量是要选择正确的渠道去反馈，而不是在团队里一味地抱怨，使团队气氛变得不好。

4. 诚信

定义：诚实正真，言行坦荡。

1分：诚实正直，表里如一。

2分：通过正确的渠道和流程，准确表达自己的观点；在表达批评意见的同时能提出相应建议，做到直言有讳。

3分：不传播未经证实的消息，不背后不负责任地议论事和人，并能正面引导，对于任何意见和反馈"有则改之，无则加勉"。

4分：勇于承认错误，敢于承担责任，并及时改正。

5分：正确有效地制止损害公司利益的不诚信行为。

说明：诚信得分不到2分不意味着员工不诚实，而往往是反映问题没有通过正确的渠道，或者给同事提出意见时伤害了同事，不能做到直言有讳。

5. 激情

定义：乐观向上，永不放弃。

1分：喜欢自己的工作，认同阿里巴巴的企业文化。

2分：热爱阿里巴巴，顾全大局，不计较个人得失。

3分：以积极乐观的心态面对日常工作，碰到困难和挫折的时候永不放弃，不断自我激励，努力提升业绩。

4分：始终以乐观主义的精神和必胜的信念，影响并带动同事和团队。

5分：不断设定更高的目标，今天的最好表现是明天的最低要求。

说明：几十年如一日做一件事情永不放弃，每天都像第一天上班一样。

6. 敬业

定义：专业执着，精益求精。

1 分：今天的事不推到明天，上班时间只做与工作有关的事情。

2 分：遵循必要的工作流程，没有因为工作失职而造成重复错误。

3 分：持续学习，自我完善，做事情充分体现以结果为导向。

4 分：能根据轻重缓急来安排工作优先级，做正确的事。

5 分：遵循但不拘泥于工作流程，化繁为简，用较小的投入获得较大的工作成果。

说明：老黄牛式的加班加点，却没有创造结果和业绩，这不是公司倡导的；如果能通过不断提高专业能力，既不需要加班又有业绩，这才是最理想的状态。

阿里巴巴迅猛发展的原因既不是它的技术，也不是它的运营模式，而是扎根于每个阿里人心中的企业价值观，它是企业前进的巨大推动力。阿里巴巴通过绩效考核的方式，塑造和规范员工的行为，从而潜移默化地让员工与企业建立起共同的价值观，这种价值观可以真正扎根于员工的心中，真正有了生命力，真正发挥出了巨大的能量。

通过阿里巴巴的价值观考核，我们可以注意到价值观考核应该持之以恒，不能因为费事就中断。阿里巴巴作为一家大型企业，每年都有大量的新员工加盟，如果中断了价值观考核，以前好不容易建立起来的共同价值观和企业文化就有被稀释掉的危险。

需要注意的是，阿里巴巴的价值观考核并不是为了惩罚员工，而在于价值观的传递和强化。尽管价值观考核占绩效考核的 50％，但在实际执行中，阿里巴巴几乎不会因为价值观考核分数低而直接开除员工，除非是他越过了道德底线。

阿里巴巴刚开始推行这个考核的时候，争议不断，很多员工包括经理们在操作时都遇到了很多问题，推行了几年之后，员工们才慢慢接受。在这个过程中，一些主管包括经理把价值观考核作为一项惩罚下属的武器，下属稍微不听话或者是有不同意见，就会被扣上价值观考核不合格的帽子。针对这些情况，阿里巴巴做了大量的培训工作，教导员工如何正确使用价值观考核，教导员工如何做到与价值观倡导的行为相符合。

参考文献

1. ［美］大卫·D·迪布瓦. 胜任力：组织成功的核心源动力［M］. 北京：北京大学出版社，2005.

2. ［美］保罗·格林著，欧阳袖译. 基于能力的人力资源管理［M］. 北京：高等教育出版社，2004.

3. 戴维·D·杜波依斯，威廉·J·罗思韦尔，德博拉·乔·金·斯德恩，琳达·K·肯普. 基于胜任力的人力资源管理［M］. 北京：中国人民大学出版社，2006.

4. 范金，景成芳，钱晓光. 任职资格与员工能力管理：人才能力评估与发展体系设计及应用（第2版）［M］. 北京：人民邮电出版社，2011.

5. ［美］吉姆·威廉姆斯，史蒂芬·罗著，朱春雷译. 学习路径图［M］. 南京：南京大学出版社，2010.

6. ［美］拉姆·查兰，斯蒂芬·德罗特，詹姆斯·诺埃尔. 领导梯队：全面打造领导力驱动型公司（第2版）［M］. 北京：机械工业出版社，2011.

7. 刘伟师，睿奇·威林思. 人才管理圣经［M］. 上海：上海远东出版社，2013.

8. ［阿根廷］费洛迪著，谢逸群译. 才经［M］. 上海：东方出版社，2008.

9. ［阿根廷］费洛迪著，高玉芳译，谢非校译. 合伙人：如何发掘高潜人才［M］. 北京：中信出版社，2015.

10. 风里. 领导力 21 真言［M］. 北京：北京联合出版公司，2014.

11. 黄卫伟主编. 以奋斗为本：华为公司人力资源管理纲要［M］. 北京：中信出版社，2014.

12. 华为大学. 熵减：华为活力之源［M］. 北京：中信出版社，2019.

13. 吴建国. 华为团队工作法：华为 19 万员工力出一孔的人才管理法则［M］. 北京：中信出版集团，2019.

14. 黄志伟. 华为管理法：任正非的企业管理心得［M］. 苏州：古吴轩出版社，2017.

15. 陈伟. 阿里巴巴人力资源管理［M］. 苏州：古吴轩出版社，2017.

16. 杨国安. 组织能力的杨三角：企业持续成功的秘诀［M］. 北京：机械工业出版社，2015.

17. 唐秋勇等. HR 的未来简史［M］. 北京：电子工业出版社，2017.

18. ［美］梅尔达德·巴格海. 增长炼金术［M］. 经济科学出版社，1999.

19. 路江涌. 共演战略：重新定义企业生命周期［M］. 北京：机械工业出版社，2018.

20. ［美］杰克·韦尔奇、苏茜·韦尔奇，余江译. 赢［M］. 北京：中信出版社，2013.

21. ［英］斯图尔特·克雷纳著，闫佳译. 管理百年［M］. 北京：中国人民大学出版社，2013.

22. ［美］彼得·德鲁克. 卓有成效的管理者［M］. 北京：机械工业出版社，2009.

23. ［美］彼得·德鲁克. 管理的实践［M］. 北京：机械工业出版社，2009.

24. 陈春花. 管理的常识［M］. 北京：机械工业出版社，2010.